AI सर्वाइवल गाइड

हर दिन की स्मार्ट जीवनशैली

प्रियंका वर्मा

डायमंड बुक्स
www.diamondbooks.in

प्रकाशक : डायमंड पॉकेट बुक्स प्रा.लि.
X-30, ओखला इंडस्ट्रियल एरिया, फेज-2
नई दिल्ली-110020
फोन : 011-40712200
ई-मेल : wecare@diamondbooks.in
वेबसाइट : www.diamondbooks.in
संस्करण : 2025

प्रस्तावना

प्रिय किशोर पाठक, भविष्य में आपका स्वागत है — जहाँ आर्टिफिशियल इंटेलिजेंस (AI) सिर्फ विज्ञान कथाओं की बात नहीं है, बल्कि आपके रोज़मर्रा के जीवन का एक शक्तिशाली हिस्सा है। जिस पल आप स्मार्ट अलार्म के साथ जागते हैं, जिन प्लेलिस्ट का आप आनंद लेते हैं, जिन नोट्स का आप सारांश करते हैं, जिन निबंधों का आप मसौदा तैयार करते हैं, और यहाँ तक कि अपने कैलेंडर की योजना बनाने के तरीके में भी — AI चुपचाप पृष्ठभूमि में काम कर रहा है ताकि चीज़ों को स्मार्टर और तेज़ बनाया जा सके।

यह पुस्तक आपको ध्यान में रखकर लिखी गई है — एक डिजिटल-नेटिव किशोर जो पढ़ाई, सामाजिक जीवन, शौक, मानसिक स्वास्थ्य और भविष्य के सपनों को संतुलित करने की कोशिश कर रहा है। लेकिन हम जानते हैं कि यह हमेशा आसान नहीं होता। बहुत सारे एप, उपकरण और तकनीकी शब्द हवा में तैर रहे हैं।

वहीं यह पुस्तक काम आती है। द बिग बुक ऑफ एआई फॉर एवरीडे लाइफ आपकी अनुकूल, चरण-दर-चरण उत्तरजीविता मार्गदर्शिका है। आप सीखेंगे कि AI का वास्तव में क्या अर्थ है, यह पर्दे के पीछे कैसे काम करता है, और — सबसे महत्वपूर्ण बात — आप इसका सचेत रूप से उपयोग कैसे कर सकते हैं ताकि अपनी पढ़ाई को बढ़ावा दे सकें, अपना समय प्रबंधित कर सकें, बेहतर खा सकें, फिट रह सकें, अद्भुत सामग्री बना सकें, और अपने भविष्य की योजना बना सकें।
हमने लहज़े को सरल, मज़ेदार और पूरी तरह से शब्दजाल-मुक्त रखा है

— जैसे कोई डिजिटल दोस्त आपके साथ चल रहा हो। वास्तविक जीवन के एप्स, कॉमिक्स, टूलकिट और गतिविधि संकेतों के साथ, यह पुस्तक आपको AI की वास्तविक शक्ति को अनलॉक करने में मदद करेगी, जबकि आप सुरक्षित, ज़िम्मेदार और मानवीय बने रहेंगे।
क्या आप स्मार्टर जीने के लिए तैयार हैं? आइए अपनी AI-संचालित यात्रा शुरू करें!

स्नेह सहित, लेखक

– **प्रियंका वर्मा**

अनुक्रमणिका

अध्याय 1

AI वास्तव में क्या है?

"रुको... क्या वह भी AI है?"

ज़रा कल्पना कीजिए: आप अपने फोन से पूछते हैं, "जापान की राजधानी क्या है?" और वह तुरंत जवाब देता है, "टोक्यो।" आप इंस्टाग्राम खोलते हैं, और आपकी फ़ीड में जादू से फुटबॉल, फैशन या मज़ेदार बिल्लियों के बारे में रीलें दिखाई देती हैं — बिल्कुल वही जो आपको पसंद है। बाद में, एक स्मार्ट एप आपको पानी पीने की याद दिलाता है, और आपकी प्लेलिस्ट अपने आप ही नया संगीत सुझाती है जो किसी तरह आपके मूड के लिए बिल्कुल सही लगता है। क्या आप जानते हैं? यह AI है जो चुपचाप पृष्ठभूमि में काम कर रहा है। लेकिन AI वास्तव में क्या है? क्या यह एक रोबोट है? एक सॉफ्टवेयर? जादू? आइए इसे समझते हैं।

आर्टिफिशियल इंटेलिजेंस (AI) क्या है?

अपने सरलतम रूप में, आर्टिफिशियल इंटेलिजेंस मशीनों (जैसे आपके फोन, एप्स या वेबसाइटों) की वह क्षमता है जो "सोच सकती हैं," "सीख सकती हैं," और "मानवों की तरह कार्य कर सकती हैं" — लेकिन डेटा और एल्गोरिदम के माध्यम से। यह मानव नहीं है, लेकिन यह मानव-जैसे कार्यों की नकल करता है:

- आपकी आवाज़ को समझना
- पैटर्न को पहचानना (जैसे मेम्स में आपकी पसंद)
- सुझाव देना (जैसे अगले कदम या गाने)
- समस्याओं को हल करना (जैसे मानचित्र दिशा-निर्देश) AI = स्मार्ट सॉफ्टवेयर जो डेटा से सीखता है

वास्तविक जीवन का उदाहरण: आपकी जेब में AI

इन रोज़मर्रा के उपकरणों के बारे में सोचें:

• **गूगल असिस्टेंट / सिरी / एलेक्सा** – वे आपकी आवाज़ को समझते हैं, आपके सवालों का जवाब देते हैं, और यहां तक कि चुटकुले भी सुनाते हैं!

• **नेटफ्लिक्स और यूट्यूब** – वे आपकी पिछली देखने की आदतों के आधार पर ऐसे शो सुझाते हैं जो आपको पसंद आ सकते हैं।

• **ग्रामरली या चैटजीपीटी** – वे आपको बेहतर लिखने, व्याकरण को ठीक करने और यहां तक कि विचारों को उत्पन्न करने में भी मदद करते हैं। आपको AI का उपयोग करने के लिए टेक गीक या कोडर होने की आवश्यकता नहीं है। यदि आप इसे फोन या लैपटॉप पर पढ़ रहे हैं — तो आप पहले से ही AI की दुनिया का हिस्सा हैं।

AI वास्तव में कैसे काम करता है?

कल्पना कीजिए कि आप एक रोबोट को कुत्ता पहचानना सिखा रहे हैं। आप उसे कुत्तों की 1000 तस्वीरें दिखाते हैं और कहते हैं, "ये कुत्ते हैं।" रोबोट फर, कान, पूंछ, नाक... को देखता है और सीखता है। अब, भले ही आप उसे एक नई कुत्ते की तस्वीर दिखाते हैं, वह कहता है: "अरे, यह कुत्ते जैसा दिखता है!" इसे **मशीन लर्निंग** कहा जाता है, AI की एक शाखा जहाँ कंप्यूटर डेटा और उदाहरणों से सीखते हैं, जैसे हम करते हैं। AI का उपयोग करता है:

- **डेटा** (ढेर सारा!)
- **एल्गोरिदम** (नियम और क़दम)
- **फीडबैक लूप** (समय के साथ सुधार करने के लिए)

स्कूल-लाइफ AI: यह पहले से ही यहाँ है!

आइए देखें कि AI एक छात्र के रूप में आपको चुपचाप कैसे मदद करता है:

स्कूल कार्य	**AI कैसे मदद करता है**
होमवर्क में मदद	चैटजीपीटी या गूगल जेमिनी जैसे चैटबॉट मुश्किल अवधारणाओं को समझाते हैं
रिवीजन	क्विज़लेट या AI-आधारित फ्लैशकार्ड आपको खुद का परीक्षण करने में मदद करते हैं
निबंध लेखन	ग्रामरली या प्रोराइटिंगएड व्याकरण और प्रवाह को ठीक करने में मदद करते हैं
अनुसंधान	परप्लेक्सीटी एआई वेबसाइटों या विषयों का त्वरित सारांश देता है
नोट्स	नोशन एआई व्याख्यानों या पाठ्यपुस्तकों को सरल रूप में सारांशित करता है

यह 24/7 उपलब्ध एक डिजिटल अध्ययन मित्र होने जैसा है!

आपको AI के प्रकार जानने चाहिए

आइए इसे सरल रखें। AI के 3 स्तर हैं जिनके बारे में आप सुनेंगे:

- **नैरो AI (या वीक AI):** यह वह AI है जिसका हम हर दिन उपयोग करते हैं — विशिष्ट कार्यों में अच्छा। उदाहरण: गूगल ट्रांसलेट, चैटजीपीटी, नेटफ्लिक्स सिफारिशें।
- **जनरल AI (अभी तक नहीं आया):** यह AI मानव की तरह सोचने और तर्क करने में सक्षम होगा। इस पर अभी भी शोध चल रहा है।
- **सुपर AI (विज्ञान-कथा सामग्री!):** एक AI जो हर तरह से मनुष्यों से स्मार्टर है। आयरन मैन के जार्विस के बारे में सोचें। कूल, लेकिन वास्तविक नहीं (अभी तक!)। अभी के लिए, नैरो AI ही वह है जिसके साथ हम रहते हैं — और यह आपकी सोच से कहीं अधिक शक्तिशाली है।

AI के बारे में सामान्य मिथक (पर्दाफाश!)

मिथक 1: AI केवल कोडर और कंप्यूटर गीक के लिए है।
तथ्य: AI सभी के लिए है — छात्र, कलाकार, एथलीट, यहां तक कि आप जैसे लेखक भी!

मिथक 2: AI सभी नौकरियां छीन लेगा।
तथ्य: AI नौकरियों को बदल देगा, लेकिन सभी गायब नहीं होंगी। वास्तव में, हर दिन नए AI-संचालित नौकरियां बनाई जा रही हैं।

मिथक 3: AI 100% सटीक और निष्पक्ष है।
तथ्य: AI ग़लतियाँ कर सकता है या पक्षपात दिखा सकता है — यह मानव डेटा से सीखता है, जो त्रुटिपूर्ण हो सकता है। यही कारण है कि मानवीय निर्णय अभी भी महत्वपूर्ण है।

टीन टॉक: तो, आपको परवाह क्यों करनी चाहिए?

यही कारण है कि हर किशोर को AI को समझना चाहिए:

- **यह हर जगह है** – चाहे आपको पसंद हो या न हो, AI आपकी दुनिया का हिस्सा है।
- **यह समय बचाता है** – अध्ययन, योजना और आयोजन में मदद करता है।
- **यह आपको स्मार्टर बनाता है** – आप तेजी से जवाब पा सकते हैं, लेकिन तभी जब आप सही प्रश्न पूछें।
- **यह रचनात्मकता को बढ़ावा देता है** – एक गाना, पोस्टर या कॉमिक बनाना चाहते हैं? AI उपकरण आपको शुरू करने में मदद कर सकते हैं।

AI का बुद्धिमानी से उपयोग करना जानना = अपनी जेब में एक महाशक्ति होना।

अन्वेषण करने के लिए मज़ेदार उपकरण (अभी!)

इन AI-संचालित उपकरणों को आज़माएं:

- **चैटजीपीटी** (chat.openai.com) – प्रश्न पूछें, स्पष्टीकरण प्राप्त करें।
- **ग्रामरली** (grammarly.com) – व्याकरण और स्पष्टता को ठीक करें।
- **नोशन एआई** (notion.so/ai) – स्मार्ट नोट-लेना।
- **कैनवा मैजिक** (canva.com) – कला या प्रस्तुतियाँ बनाएं।
- **सूनो** (suno.ai) – अपना ख़ुद का संगीत बनाएं!

"सब कुछ जानने" की चिंता न करें। बस अन्वेषण करना शुरू करें, और जैसे-जैसे आप आगे बढ़ें, सीखते रहें।

इसे आज़माएं: क्विक एआई स्कैवेंजर हंट

- अपना फोन खोलें। AI का उपयोग करने वाले 3 एप्स सूचीबद्ध करें।
- आज की ख़बर को 3 पंक्तियों में समेटने करने के लिए AI चैटबॉट का

उपयोग करें।

• चैटजीपीटी से एक मुश्किल स्कूल विषय को रैप रूप में समझाने के लिए कहें।

• "स्मार्ट अध्ययन की आदतों" के बारे में एक पोस्टर डिज़ाइन करने के लिए कैनवा के AI टूल का उपयोग करें।

अब चिंतन करें: इन उपकरणों ने कैसे मदद की? क्या आसान लगा? क्या "बहुत अधिक" लगा?

आइए चिंतन करें

• क्या आपने कभी AI का उपयोग किए बिना यह महसूस किया है?

• क्या आपको लगता है कि AI आपके दिन को आसान या अधिक भ्रमित करने वाला बनाता है?

• आप AI का उपयोग करने और ख़ुद के लिए सोचने के बीच संतुलन कैसे बना सकते हैं?

अध्याय सारांश

• AI = स्मार्ट तकनीक जो डेटा से सीखती है और कार्यों में मदद करती है।

• आप पहले से ही दैनिक AI का उपयोग करते हैं — स्कूल एप्स, फोन, संगीत और खोजों में।

• AI पैटर्न को पहचानकर और फीडबैक के माध्यम से सुधार करके काम करता है।

• किशोर AI का उपयोग बेहतर अध्ययन करने, समय बचाने और रचनात्मकता व्यक्त करने के लिए कर सकते हैं।

• AI के बारे में जागरूक होना आपको अपने दैनिक जीवन और भविष्य के करियर में एक बढ़त देता है।

अध्याय 2

आपके चारों ओर AI एजेंट

आपके रोज़मर्रा के जीवन में स्मार्ट उपकरण

आपके AI-होम में आपका स्वागत है

ज़रा कल्पना कीजिए: आप जागते हैं। आपका स्मार्ट अलार्म ठीक सही समय पर मधुर संगीत बजाता है। आपकी स्मार्टवॉच बजती है, आपकी नींद का स्कोर और हृदय गति दिखाती है। रसोई में, आपका स्मार्ट फ्रिज़ नाश्ते की रेसिपी सुझाता है। आप अपना फोन चेक करते हैं — आपका कैलेंडर पहले से ही सेट है, और आपकी पसंदीदा प्लेलिस्ट अपने आप शुरू हो जाती है। यह सब? AI एजेंट चुपचाप पृष्ठभूमि में काम कर रहे हैं। उनके पास फिल्मों में रोबोट की तरह चेहरे या धातु के शरीर नहीं होते। लेकिन वे स्मार्ट हैं। वे आपकी आदतों को समझते और सीखते हैं। वे आपको बेहतर जीवन जीने में मदद करते हैं।

AI एजेंट क्या है?

एक AI एजेंट एक प्रोग्राम या सिस्टम है जो:

- **महसूस करता है** (जानकारी लेता है)
- **सोचता है** (जो आवश्यक है उसका विश्लेषण करता है)
- **कार्य करता है** (एक परिणाम देता है या कार्रवाई करता है) उन्हें मिनी डिजिटल सहायक के रूप में सोचें जो डेटा के आधार पर निर्णय लेते हैं। और क्या आप जानते हैं? आप पहले से ही उनमें से दर्जनों के साथ रहते हैं — आपके फोन पर, आपके ऐप्स में, आपके ब्राउज़र में, यहां तक कि आपके घर में भी!

ये एजेंट कहाँ छिपे हैं?

आइए कुछ रोज़मर्रा के क्षेत्रों को देखें जहाँ AI एजेंट मदद करते हैं:

1. फोन और स्मार्ट डिवाइस

- **गूगल असिस्टेंट, सिरी, एलेक्सा** – आवाज़-आधारित AI एजेंट जो अलार्म सेट करते हैं, दिशा-निर्देश देते हैं, या सामान्य ज्ञान के सवालों का जवाब देते हैं।
- **फेस अनलॉक या फिंगरप्रिंट स्कैनर** – आपको सुरक्षित रूप से पहचानने के लिए AI का उपयोग करते हैं।
- **कीबोर्ड प्रेडिक्टिव टेक्स्ट** – आपकी टाइपिंग शैली सीखता है और आपके अगले शब्द की भविष्यवाणी करता है।

2. मनोरंजन और संगीत

- **स्पॉटिफाई, यूट्यूब, नेटफ्लिक्स सिफारिशें** – AI एजेंट आपकी देखने या सुनने की आदतों को सीखते हैं और नई सामग्री सुझाते हैं।
- **रील्स और शॉर्ट्स एल्गोरिदम** – इंस्टाग्राम, टिकटॉक और यूट्यूब AI यह तय करते हैं कि आपको आगे कौन सी सामग्री दिखानी है।

3. ऑनलाइन शॉपिंग

- **अमेज़ॅन सुझाता है कि आपको क्या पसंद आएगा** – AI एजेंट आपके द्वारा खोजी गई, क्लिक की गई और ख़रीदी गई चीज़ों का विश्लेषण करते हैं।
- **चैटबॉट आपको खरीदारी करने में मदद करते हैं** – AI-संचालित सहायक आपको उत्पादों को वापस करने, ऑर्डर ट्रैक करने या आइटम चुनने में मदद करते हैं।

4. अध्ययन और स्कूल जीवन

- **ग्रामरली, चैटजीपीटी, नोशन एआई** – लेखन सहायता, सारांश और संगठन उपकरण।
- **स्मार्ट प्लानर** – रीक्लेम.एआई जैसे एप आपकी उपलब्धता के आधार पर कार्यों को स्वचालित रूप से शेड्यूल करते हैं।

5. स्मार्ट होम गैजेट्स

- ऐसे **फ्रिज** जो किराने का सामान और समाप्ति तिथियों को ट्रैक करते हैं।
- ऐसे **स्मार्ट बल्ब** जो दिन के समय के आधार पर चमक को समायोजित करते हैं।
- ऐसे **स्मार्ट थर्मोस्टेट** जो सीखते हैं कि आप कब ठंडे या गर्म होते हैं।

वास्तविक जीवन के किशोर उदाहरण

आइए कुछ काल्पनिक किशोरों से मिलते हैं जो हर दिन AI एजेंटों का उपयोग करते हैं:

अनन्या (16, कक्षा 11)

नोशन एआई का उपयोग अपनी इतिहास की नोट्स को स्वतः सारांशित करने के लिए करती है। उसका गूगल कैलेंडर रीक्लेम द्वारा प्रबंधित होता है, जो यदि वह कोई कार्य छोड़ देती है तो उसे फिर से निर्धारित करता है। स्पॉटिफाई उसके अध्ययन के समय का मूड जानता है = लो-फाई बीट्स।

ऋषि (15, कक्षा 10)
अंग्रेज़ी निबंधों का अभ्यास करने के लिए चैटजीपीटी का उपयोग करता है। वह अपने स्कूल के नाटक के लिए पृष्ठभूमि संगीत बनाने के लिए Suno. ai चेक करता है। वह पानी के रिमाइंडर सेट करने के लिए एलेक्सा का उपयोग करता है।

ज़ोया (17, महत्वाकांक्षी यूट्यूबर)
अपने वीडियो को स्वतः संपादित करने के लिए ओपसक्लिप का उपयोग करती है। कैनवा मैजिक टूल उसे थंबनेल बनाने में मदद करता है। शॉर्टवेव एआई उसके अतिप्रवाहित जीमेल इनबॉक्स का सारांश करता है।

ये एजेंट इतने "स्मार्ट" क्यों हैं?

क्योंकि वे इससे सीखते हैं:

- **आपके इनपुट** (जो आप टाइप करते हैं, कहते हैं, या क्लिक करते हैं)
- **आपके पैटर्न** (आप कब और कितनी बार चीज़ें करते हैं)
- **आपकी प्राथमिकताएं** (आपको क्या पसंद है या क्या आप टालते हैं) वे मनुष्यों की तरह नहीं सोच रहे हैं — लेकिन वे आपके अनुकूल हो रहे हैं।

AI एजेंट अदृश्य सहायकों की तरह हैं जो जितना अधिक आप उनका उपयोग करते हैं, उतने ही बेहतर होते जाते हैं।

त्वरित सूची: AI एजेंट जिन्हें आप खोज सकते हैं

एजेंट का नाम	यह क्या करता है	कहाँ उपयोग करें
चैटजीपीटी	चैट, लिखना, योजना बनाना, कोड करना	वेब और ऐप
गूगल जेमिनी	व्यक्तिगत सहायक	एंड्रॉइड, वेब
रीक्लेम.एआई	स्मार्ट कैलेंडर	डेस्कटॉप
नोशन एआई	नोट्स, अध्ययन योजना	डेस्कटॉप/मोबाइल
Suno.ai	संगीत निर्माण	वेब
कैनवा मैजिक	पोस्टर, दृश्य	वेब/ऐप
एलेक्सा / सिरी	वॉयस कंट्रोल	स्मार्ट डिवाइस
मोशन / स्केडपाल	शेड्यूल योजना	उत्पादकता ऐप्स

गोपनीयता का क्या?

हाँ, AI एजेंट आपको बेहतर मदद करने के लिए डेटा ट्रैक करते हैं — लेकिन:

- आपको ऐप अनुमतियाँ जांचनी चाहिए
- जब आवश्यक हो तो निजी मोड का उपयोग करें
- आप जो साझा करते हैं उसके प्रति सचेत रहें अज्ञात बॉट या ऐप्स को कभी भी व्यक्तिगत पासवर्ड, स्थान या व्यक्तिगत तस्वीरें न दें।

इसे आज़माएं: एजेंट को पहचानें!

एक सामान्य दिन लें और लिखें:

- आप किस समय जागते हैं
- आप कौन सा संगीत सुनते हैं

- स्कूल के लिए आप किस एप का उपयोग करते हैं
- आप कौन से यूट्यूब शो देखते हैं
- आपकी खरीदारी सूची में क्या दिखाई देता है अब खुद से पूछें — क्या AI ने इनमें से किसी में भी सुझाव दिया या सहायता की? सबसे अधिक संभावना: हाँ! आप AI एजेंटों से घिरे हुए हैं।

तुलना करें: मानव सहायक बनाम AI एजेंट

कार्य	मानव सहायक	AI एजेंट
आपको पानी पीने की याद दिलाना	भूल सकता है	कभी नहीं भूलता
नया संगीत सुझाना	अपने स्वाद के आधार पर	आपके स्वाद के आधार पर
आपके दिन की योजना बनाना	आपके इनपुट की आवश्यकता है	स्वतः योजना बना सकता है
निबंध लिखना	विचार देता है	तुरंत ड्राफ्ट बना सकता है
आपसे बात करना	वास्तविक भावना	प्रोग्राम किए गए जवाब

AI सहायक हो सकता है, लेकिन यह मानव नहीं है। दोनों का बुद्धिमानी से उपयोग करें!

AI एजेंटों का अधिकतम लाभ उठाने के लिए युक्तियाँ

- **सेटिंग्स एक्सप्लोर करें** – कई एप्स में छिपी हुई AI सुविधाएँ होती हैं (जैसे स्वतः शेड्यूलिंग, स्मार्ट उत्तर)।

- **अत्यधिक निर्भर न रहें** – AI का उपयोग सहायता के लिए करें, अपनी सोच को बदलने के लिए नहीं।
- **अपडेटेड रहें** – हर महीने नए AI टूल लॉन्च होते हैं। हर हफ्ते एक नया टूल आज़माएं।
- **सुरक्षित साझाकरण का अभ्यास करें** – AI एजेंट भूलते नहीं हैं, इसलिए निजी डेटा के साथ सावधान रहें।

आइए चिंतन करें

- आप किस AI एजेंट का सबसे अधिक उपयोग करते हैं?
- क्या आपने कभी AI का उपयोग बिना यह महसूस किए किया है?
- आप AI का उपयोग करने और ख़ुद के लिए सोचने के बीच संतुलन कैसे बना सकते हैं?

अध्याय सारांश

- AI एजेंट स्मार्ट प्रोग्राम हैं जो डेटा और सीखने का उपयोग करके आपकी ओर से कार्य करते हैं।
- वे आपके फोन, एप्स, ब्राउज़र, स्मार्टवॉच, फ्रिज — यहां तक कि कक्षाओं में भी मौजूद हैं!
- रिमाइंडर से लेकर मनोरंजन तक, अध्ययन उपकरणों से लेकर प्लानर तक, ये एजेंट आपके दैनिक जीवन को बढ़ावा देते हैं।
- जानें कि वे कैसे काम करते हैं, वे कौन सा डेटा एकत्र करते हैं, और उनका ज़िम्मेदारी से उपयोग कैसे करें।

अध्याय 3

AI का उपयोग स्मार्टर अध्ययन करने के लिए

नोट्स, सारांश, क्विज़ और बहुत कुछ

"काश पढ़ाई आसान होती?"

क्या आपने कभी इतिहास के किसी लंबे अध्याय को घूरते हुए सोचा है: "काश कोई इसे बस सरल शब्दों में समझा पाता..." या महसूस किया है कि आपका दिमाग भरा हुआ है लेकिन आपका रिवीजन पूरा नहीं हुआ है? या आपको फ्लैशकार्ड चाहिए थे लेकिन उन्हें बनाने का समय नहीं था? AI-संचालित अध्ययन उपकरणों की दुनिया में आपका स्वागत है — जहाँ एप्स आपको सीखने, तेजी से सारांश करने, स्मार्टर क्विज़ करने और अधिक याद रखने में मदद करते हैं, बिना थके। AI सिर्फ टेकियों के लिए नहीं है — यह आपका गुप्त अध्ययन साथी है।

अध्ययन के लिए AI का उपयोग क्यों करें?

क्योंकि आज के स्मार्ट छात्र कठिन अध्ययन नहीं करते — वे स्मार्टर अध्ययन करते हैं। **AI आपको मदद करता है:**

- रिवीजन करते समय समय बचाएं
- कठिन विषयों को आसान तरीकों से समझें
- निबंधों या व्याकरण पर त्वरित प्रतिक्रिया प्राप्त करें
- नियोजन उपकरणों के साथ व्यवस्थित रहें
- एक क्लिक में क्विज़ या फ्लैशकार्ड बनाएं कल्पना कीजिए कि आपके पास एक व्यक्तिगत ट्यूटर है जो 24/7 काम करता है — AI इसे संभव बनाता है।

वास्तविक किशोर जीवन: मिलिए श्रेया से

श्रेया, एक 16 वर्षीय विज्ञान की छात्रा, को 2 दिनों में 5 अध्यायों को संशोधित करना था। **यहां बताया गया है कि उसने AI का उपयोग कैसे किया:**

- चैटजीपीटी का उपयोग "प्रकाश संश्लेषण" को अपने शब्दों में समझाने के लिए किया
- नोशन एआई का उपयोग पाठ्यपुस्तक के पृष्ठों को बुलेट पॉइंट में सारांशित करने के लिए किया
- क्विज़लेट एआई का उपयोग अपने नोट्स से फ्लैशकार्ड बनाने के लिए किया
- अपने अंग्रेज़ी निबंध को पॉलिश करने के लिए ग्रामरली का उपयोग किया
- अपने कैलेंडर में समय स्लॉट को स्वतः ब्लॉक करने के लिए रीक्लेम. एआई का उपयोग किया 3 घंटे में, उसने "सिर्फ पढ़ने" के पूरे दिन से कहीं अधिक काम किया। यही AI + स्मार्ट अध्ययन की शक्ति है।

अध्ययन के लिए आप AI टूल का उपयोग कर सकते हैं

यहां शीर्ष AI उपकरण दिए गए हैं जो आपको स्कूल के काम में महारत हासिल करने में मदद कर सकते हैं:

उपकरण	यह क्या करता है	लिंक
चैटजीपीटी	समझाता है, फिर से लिखता है, सवालों के जवाब देता है	chat.openai.com
परप्लेक्सीटी एआई	स्रोतों के साथ होमवर्क खोज	perplexity.ai
नोशन एआई	लंबे नोट्स को सारांशित करता है, स्वतः व्यवस्थित करता है	notion.so/ai
क्विज़लेट एआई	फ्लैशकार्ड, एमसीक्यू, क्विज़	quizlet.com
ग्रामरली एआई	लेखन प्रतिक्रिया	grammarly.com
पीडीएफगियर एआई	पीडीएफ किताबें पढ़ें + सारांशित करें	pdfgear.com
माइक्रोसॉफ्ट कोपायलट	एमएस वर्ड/एक्सेल में इन-बिल्ट एआई	microsoft.com

इन्हें अपनी दिनचर्या में कैसे उपयोग करें

1. चैटजीपीटी के साथ कठिन विषयों को समझें

- **पूछें:** "न्यूटन के नियमों को सरल शब्दों में समझाएं।"
- **या:** "मुगल इतिहास को बुलेट पॉइंट में सारांशित करें।"
- **कोशिश करें:** "कक्षा 10 के लिए मैकबेथ का 100 शब्दों का सारांश लिखें।"

टिप: तथ्यों को हमेशा पाठ्यपुस्तकों से दोबारा जांचें। AI त्वरित मदद देता है लेकिन आपका अंतिम स्रोत नहीं है।

2. नोशन एआई के साथ स्मार्ट नोट्स बनाएं

- अपने लंबे नोट्स पेस्ट करें। "सारांशित करें" पर क्लिक करें।
- माइंड मैप चाहिए?

पूछें: "इसे बुलेट पॉइंट में बदलें + हेडिंग जोड़ें।"

- रिवीजन चेकलिस्ट बनाएं।

बोनस: आप इन नोट्स को दोस्तों के साथ भी साझा कर सकते हैं!

3. क्विज़लेट के साथ स्वतः फ्लैशकार्ड बनाएं

- एक पैराग्राफ या विषय पेस्ट करें। AI तुरंत फ्लैशकार्ड बनाता है।
- विभिन्न तरीकों से अभ्यास करें: जानें, लिखें, वर्तनी, परीक्षण। तेज़, मज़ेदार और अंतिम मिनट के रिविजन के लिए बिल्कुल सही।

4. ग्रामरली के साथ निबंध और व्याकरण ठीक करें

- अपना असाइनमेंट पेस्ट करें।
- **यह जांचता है:**
    - व्याकरण
    - लहज़ा
    - स्पष्टता
    - शब्दावली
- आपके लेखन को आकर्षक बनाता है — यहां तक कि स्कूल प्रतियोगिताओं या ईमेल के लिए भी!

5. पीडीएफ को स्मार्ट तरीके से पढ़ें

पीडीएफगियर एआई का उपयोग करके, आप कर सकते हैं:

- लंबे अध्यायों को सारांशित करें
- मुख्य बिंदु निकालें
- पाठ से प्रश्न पूछें एनसीईआरटी पीडीएफ, संदर्भ पुस्तकों और अनुसंधान के लिए बहुत अच्छा काम करता है।

6. एआई कैलेंडर के साथ अपने अध्ययन के समय की योजना बनाएं

जैसे उपकरण:

- रीक्लेम.एआई
- मोशन
- स्केडपाल कर सकते हैं:
- अपना खाली समय पहचानें
- अध्ययन ब्लॉक निर्धारित करें
- आपको ब्रेक लेने की याद दिलाएं! आपके मस्तिष्क को एकाग्रता और आराम की आवश्यकता है — AI आपको दोनों को संतुलित करने में मदद करता है।

इसे आज़माएं: स्मार्ट स्टडी डे चैलेंज

अपने अगले अध्ययन सत्र को चुनें और ऐसा करें:

कार्य	AI टूल
अध्याय समझें	चैटजीपीटी
नोट्स सारांशित करें	नोशन एआई
फ्लैशकार्ड बनाएं	क्विज़लेट
व्याकरण ठीक करें	ग्रामरली
समय की योजना बनाएं	रीक्लेम

सत्र के अंत में, पूछें: "क्या मैंने तेज़ी से सीखा? क्या मुझे कम थकान महसूस हुई?" अधिकांश छात्र हाँ कहते हैं!

संतुलन: AI मदद करता है, लेकिन इसे अपने लिए सोचने न दें

यहाँ एक सुनहरा नियम है: **AI को अपने मस्तिष्क की सहायता करने दें, उसे प्रतिस्थापित न करें।**
AI का उपयोग करें: कठिन विचारों को समझना ,बेहतर व्यवस्थित करना **स्मार्टर अभ्यास करना AI का उपयोग न करें:** पूरे होमवर्क को कॉपी-पेस्ट करना, वास्तविक सीखने से बचना, असाइनमेंट में धोखा देना याद रखें, सीखना एक मांसपेशी है। AI एक उपकरण है। आपको अभी भी सोचना होगा।

आइए चिंतन करें

• क्या आपने पहले अध्ययन करने के लिए किसी AI टूल का उपयोग किया है?
• आपको अध्ययन के बारे में सबसे कठिन क्या लगता है — और क्या AI मदद कर सकता है?
• आप तकनीक और सोचने के बीच एक स्वस्थ संतुलन कैसे बना सकते हैं?

केस स्टडी: सीबीएसई स्कूलों में AI

क्या आप जानते हैं कि कुछ सीबीएसई स्कूल अब उपयोग करते हैं:

• AI-संचालित डिजिटल बोर्ड
• अनुकूली शिक्षण ऐप्स
• प्रगति को ट्रैक करने के लिए छात्र डैशबोर्ड शिक्षक भी AI टूल सीख रहे हैं। लक्ष्य सिर्फ AI के बारे में सिखाना नहीं है, बल्कि बेहतर सीखने के परिणामों के लिए AI का उपयोग करने में मदद करना है। आप AI-सशक्त शिक्षार्थियों की एक नई पीढ़ी का हिस्सा हैं।

अपने दोस्तों के साथ बात करें

एक "एआई के साथ अध्ययन" समूह शुरू करें। युक्तियों, उपकरणों और सर्वोत्तम तरीकों को साझा करें:

- बेहतर याद रखें
- तेज़ी से सीखें
- प्रेरित रहें सीखना एक साथ अधिक मज़ेदार है — भले ही यह रोबोट के साथ हो।

अध्याय सारांश

- AI आपको स्मार्टर अध्ययन करने में मदद करता है — कठिन नहीं।
- आप नोट्स, सारांश, लेखन और रिवीज़न के लिए चैटजीपीटी, नोशन एआई, ग्रामरली और क्विज़लेट जैसे उपकरणों का उपयोग कर सकते हैं।
- ये उपकरण समय बचाते हैं, सीखने को मज़ेदार बनाते हैं, और आत्मविश्वास का निर्माण करते हैं।
- AI का दुरुपयोग न करें — इसका उपयोग अपने सीखने का समर्थन करने के लिए करें, अपने प्रयास को बदलने के लिए नहीं।

अध्याय 4

संचार और सामाजिक जीवन के लिए AI

स्मार्टर लिखें, चैट करें, पोस्ट करें और जुड़ें

"स्मार्टर बात करें, बेहतर पोस्ट करें"

आप अपने शिक्षक को एक संदेश भेजने वाले हैं। आप रुकते हैं। आप बहुत कैजुअल या बहुत रोबोटिक नहीं लगना चाहते...। आप इंस्टाग्राम पर एक डीएम का जवाब दे रहे हैं और कुछ मज़ाकिया जोड़ना चाहते हैं। या आप एक रील के लिए कैप्शन लिख रहे हैं और अटक गए हैं। यहां अच्छी ख़बर है: AI आपको बेहतर तरीके से बात करने, लिखने, पोस्ट करने और ख़ुद को व्यक्त करने में मदद कर सकता है — जबकि समय बचाता है और आपकी तरह लगता है। आइए जानें कैसे।

संचार में AI क्या है?

संचार में AI का अर्थ है स्मार्ट उपकरणों का उपयोग करना:

- बेहतर लिखें
- तेज़ी से अनुवाद करें
- टोन जांचें
- तुरंत जवाब दें
- सोशल मीडिया सामग्री तैयार करें
- यहाँ तक कि बातचीत भी करें! चाहे वह स्कूल ईमेल के लिए हो या स्नैपचैट जवाबों के लिए, AI संचार को स्पष्ट, तेज़ और स्मार्टर बनाता है।

किशोरों द्वारा दैनिक संचार में AI का उपयोग कहाँ किया जाता है

आपको शायद इसका एहसास न हो, लेकिन ये AI-संचालित कार्य हर दिन होते हैं:

कार्य	इसके पीछे AI
टाइपो को स्वतः ठीक करना	स्मार्ट कीबोर्ड (जीबोर्ड, स्विफ्टकी)
ईमेल उत्तर सुझाव	जीमेल स्मार्ट रिप्लाई
कैप्शन सुझाव	इंस्टाग्राम रील्स एआई
भाषा अनुवाद	गूगल ट्रांसलेट
वॉयस टाइपिंग	एआई स्पीच रिकॉग्निशन
बॉट्स के साथ चैट करना	ग्राहक सेवा, मानसिक स्वास्थ्य ऐप्स
टिप्पणी मॉडरेशन	सोशल ऐप्स पर एआई फिल्टर

आपको अंग्रेज़ी में धाराप्रवाह होने या व्याकरण विशेषज्ञ होने की आवश्यकता नहीं है — AI आपको संचार की महाशक्तियां देता है।

लेखन सहायता उपकरण: अजीब से अद्भुत तक

आपको पसंद आने वाले उपकरण:

उपकरण	यह किसमें मदद करता है
ग्रामरली एआई	व्याकरण, टोन, स्पष्टता, शब्दावली
चैटजीपीटी	ड्राफ्ट संदेश, ईमेल, बायो
राइटसोनिक / कॉपी.एआई	इंस्टाग्राम कैप्शन, ट्वीट्स, विज्ञापन कॉपी
क्विलबॉट	फिर से लिखना और पुनर्कथन
हेमिंग्वे एडिटर	लेखन को बोल्ड और स्पष्ट बनाता है
कैनवा मैजिक राइट	सोशल मीडिया पोस्ट उत्पन्न करें

इसे आज़माएं: चैटजीपीटी से पूछें: "मेरे सबसे अच्छे दोस्त के लिए एक जन्मदिन का संदेश लिखें जो मज़ेदार और हार्दिक हो।"

एक पेशेवर की तरह ईमेल करना (AI की मदद से)

मान लीजिए आप अपने शिक्षक को ईमेल कर रहे हैं: खराब: "मैम मैं नहीं आ पाऊंगा। कृपया समायोजित करें।" बेहतर (एआई-पॉलिश): "प्रिय मैम, मुझे आशा है कि आप ठीक होंगी। मैं एक व्यक्तिगत कारण से आज कक्षा में उपस्थित नहीं हो पाऊंगा/पाऊंगी। कृपया मेरी अनुपस्थिति पर विचार करें। धन्यवाद।" AI व्याकरण की जांच करने, टोन को ठीक करने और आपको सम्मानजनक और पेशेवर ध्वनि देने में मदद करता है। शीर्ष AI टिप: जीमेल की "स्मार्ट कंपोज़" और "स्मार्ट रिप्लाई" सुविधाओं का उपयोग करें — वे आपके लिए संदेश का कुछ हिस्सा लिखती हैं!

इंस्टाग्राम, रील्स और कैप्शन – एआई स्टाइल

मान लीजिए — एक सही कैप्शन लिखने में रील रिकॉर्ड करने से ज़्यादा समय लग सकता है! **AI उपकरण जैसे:**

- कॉपी.एआई
- चैटजीपीटी
- कैनवा मैजिक उत्पन्न कर सकते हैं:
- रील कैप्शन
- हैशटैग
- पोस्ट विवरण
- टिप्पणी जवाब
- बायो विचार

उदाहरण प्रॉम्प्ट: "स्कूल जीवन + मज़ेदार ट्विस्ट पर मेरे रील के लिए एक शानदार कैप्शन लिखें।" आप इसे बाद में संपादित कर सकते हैं, लेकिन AI आपको एक शानदार शुरुआत देता है।

दुनिया से बात करें – भाषा अनुवाद और पहुंच

क्या आप किसी से फ्रेंच में बात करना चाहते हैं? हिंदी? तमिल? स्पेनिश? AI इसे आसान बनाता है।

- **गूगल ट्रांसलेट** – टेक्स्ट, वॉयस या तस्वीरों का तुरंत अनुवाद करें।
- **डीपएल** – पेशेवर-गुणवत्ता वाले अनुवाद।
- **वॉयस ट्रांसलेटर एआई** – भाषाओं में वॉयस को टेक्स्ट में बदलें।

पहुंच बोनस: कई उपकरण पाठ को भाषण या भाषण को पाठ AI का उपयोग करके पढ़ने/लिखने की चुनौतियों वाले छात्रों की भी मदद करते हैं।

चैटबॉट – सिर्फ बात करने वाले रोबोट से कहीं ज़्यादा

आपने शायद एक चैटबॉट का उपयोग किया होगा:

- एक स्कूल वेबसाइट पर
- एक शॉपिंग एप पर
- एक वेलनेस पेज पर ये AI उपकरण:
- अक्सर पूछे जाने वाले प्रश्नों का उत्तर देते हैं
- आपको प्लेटफॉर्म पर नेविगेट करने में मदद करते हैं
- भावनात्मक समर्थन प्रदान करते हैं (जैसे वायसा या रेप्लिका)
- रिमाइंडर और प्रोत्साहन प्रदान करते हैं महत्वपूर्ण: चैटबॉट सहायक होते हैं — लेकिन वे मानव मित्र नहीं हैं। उनका बुद्धिमानी से उपयोग करें।

सचेत संचार – AI क्या नहीं कर सकता

जबकि AI बेहतर टेक्स्ट लिख सकता है, यह नहीं कर सकता:

- व्यंग्य को गहराई से समझना
- भावनाओं को महसूस करना
- सामाजिक संदर्भ का न्याय करना जैसे मनुष्य करते हैं यही कारण है कि आपको हमेशा AI-जनित सामग्री की समीक्षा करनी चाहिए।

पूछें:

- क्या यह इस व्यक्ति के लिए उपयुक्त है?
- क्या यह मेरी तरह लगता है?
- क्या यह संदेश किसी को चोट पहुँचा सकता है?

इसे आज़माएं: AI + संचार चुनौती

1 दिन से अधिक, इन्हें आज़माएं:

गतिविधि	**AI का उपयोग करें...**
शिक्षक को ईमेल करें	ग्रामरली का उपयोग करके व्याकरण ठीक करें
पोस्ट कैप्शन लिखें	कॉपी.एआई के साथ उत्पन्न करें
स्पेनिश में दोस्त को डीएम करें	गूगल ट्रांसलेट का उपयोग करें
अपने स्कूल प्रोजेक्ट बायो को ठीक करें	चैटजीपीटी का उपयोग करके इसे फिर से लिखें
टिप्पणियों का जवाब दें	स्मार्ट रिप्लाई या कैनवा का उपयोग करें

अंत में, पूछें: "क्या AI ने मुझे वह कहने में मदद की जो मेरा मतलब था?" "क्या मुझे अधिक आत्मविश्वास महसूस हुआ?" "क्या मैं अभी भी अपनी तरह लगता था?"

AI और सोशल मीडिया शिष्टाचार

स्मार्ट रहें। सुरक्षित रहें। दयालु रहें। यहाँ सुनहरे नियम हैं:

- AI जवाबों को आँख बंद करके कॉपी-पेस्ट न करें। हमेशा व्यक्तिगत करें।
- ऑटो-रिप्लाई का उपयोग करके भूत या स्पैम न करें। मानवीय बने रहें।
- पहचान छिपाने, दूसरों का अपमान करने या ग़लत जानकारी पोस्ट करने के लिए AI का उपयोग न करें।
- यदि आप अनिश्चित हैं कि आपका संदेश अशिष्ट लगता है, तो टोन-चेकर का उपयोग करें। याद रखें, दयालु होना स्मार्ट दिखने से ज़्यादा स्मार्ट है।

आइए चिंतन करें

- क्या आपने कभी ऑनलाइन कुछ ग़लत कहा है और काश आपको मदद मिली होती?
- AI आपकी पोस्ट या जवाबों को कैसे बेहतर बना सकता है?
- आपको AI का उपयोग करके कहाँ बात नहीं करनी चाहिए?

प्रो टिप: अपनी "एआई शैली" बनाएं

अपनी ख़ुद की संचार टोन खोजने के लिए AI का उपयोग करें:

- मज़ेदार?
- स्मार्ट?
- प्रेरक? एक ऐसी आवाज़ बनाना शुरू करें जिसे लोग आपके रूप में पहचानते हैं — AI को अपने कोच के रूप में, अपने क्लोन के रूप में नहीं।

अध्याय सारांश

- AI आपको स्कूल, सोशल मीडिया और जीवन भर में बेहतर लिखने, पोस्ट करने, चैट करने और जवाब देने में मदद करता है।
- आप स्पष्ट रूप से व्यक्त करने के लिए चैटजीपीटी, ग्रामरली, कैनवा और ट्रांसलेट जैसे उपकरणों का उपयोग कर सकते हैं।
- हमेशा AI प्रतिक्रियाओं की समीक्षा करें और उन्हें व्यक्तिगत करें।
- AI का उपयोग आत्मविश्वास बनाने के लिए करें — दूसरों की नकल करने के लिए नहीं।

अध्याय 5

फिटनेस, भोजन और मज़ा

AI तरीका

स्मार्ट उपकरणों के साथ स्वस्थ, खुश और फिट बनें

"क्या AI मुझे बेहतर महसूस करने में मदद कर सकता है?"

सुबह के 7 बज रहे हैं। आपका स्मार्ट अलार्म पक्षियों की चहचहाहट के साथ आपको धीरे से जगाता है। आपकी स्मार्टवॉच बजती है: "आप 6.5 घंटे सोए। हाइड्रेट होने का समय हो गया है!" सुबह 8 बजे तक, आपका नाश्ता एक कटोरी ओट्स है — जो आपके हेल्थ एप द्वारा सुझाया गया है। शाम तक, आपने 20 मिनट की AI-निर्देशित कसरत की है, एक नई लो-फाई प्लेलिस्ट खोजी है, और अपने क़दमों को ट्रैक किया है। AI-संचालित वेलनेस जीवनशैली में आपका स्वागत है — जो सिर्फ आपके लिए डिज़ाइन की गई है। AI सिर्फ आपको पढ़ने या लिखने में मदद नहीं करता। यह आपको

इसमें भी मदद करता है:

- बेहतर खाएं
- अधिक चलें
- स्मार्टर सोएं
- आराम करें
- और मज़ा करें

आइए जानें कि AI का उपयोग अपने शरीर, दिमाग़ और मूड को अपग्रेड करने के लिए कैसे करें — बिना किसी दबाव के।

किशोरों के लिए फिटनेस क्यों मायने रखती है?

आपके किशोर वर्ष वह समय है जब:

- आपका शरीर सबसे तेज़ी से बढ़ता है
- आपका दिमाग़ ऐसी आदतें बनाता है जो स्थायी होती हैं
- आप स्वतंत्र चुनाव करना शुरू करते हैं तो आप अभी कैसे चलते हैं, खाते हैं, आराम करते हैं और आनंद लेते हैं... यह आपके भविष्य के स्वास्थ्य को आकार दे सकता है। और क्या आप जानते हैं? AI स्वस्थ विकल्पों को आसान और कूलर महसूस करा सकता है।

फिटनेस के लिए AI:
आपका डिजिटल वर्कआउट साथी

खोजने के लिए उपकरण:

उपकरण	यह क्या करता है
गूगल फिट / एप्पल हेल्थ	कदम, हृदय गति, कैलोरी ट्रैक करता है
नाइके ट्रेनिंग क्लब / फिटऑन एआई	व्यक्तिगत कसरत, चुनौतियां

एक्टिव / जिम स्ट्रीक / अल्ट्राह्यूमन	एआई कोच, निर्देशित दिनचर्या
स्लीप साइकिल / अलार्मी	स्मार्ट अलार्म, नींद ट्रैकिंग
स्ट्रावा	एआई मैप्स के साथ दौड़ना, साइकिल चलाना, चलना ट्रैक करना

AI क्या ट्रैक करता है:

- क़दम और गतिविधि
- नींद की गुणवत्ता
- हृदय गति
- बर्न की गई कैलोरी
- लक्ष्यों की प्रगति

टिप: दैनिक लक्ष्य निर्धारित करें जैसे "7,000 क़दम" या "15 मिनट की गतिविधि" अपने एप को आपको प्रोत्साहित करने दें!

भोजन और पोषण के लिए AI: स्मार्ट खाओ

इससे भ्रमित महसूस कर रहे हैं:

- परीक्षाओं से पहले क्या खाएं?
- वास्तव में कौन से स्नैक्स स्वस्थ हैं?
- शाकाहारी आहार पर प्रोटीन कैसे खाएं? AI आपको इसमें मदद करने दें:
- भोजन योजना
- किराने की सूचियां
- पोषण ट्रैकिंग
- कैलोरी गिनना

एआई खाद्य उपकरण:

उपकरण	**यह क्या करता है**
मायफिटनेसपाल	भोजन, पानी, मैक्रोज़ ट्रैक करें
लाइफ़सम	स्मार्ट भोजन योजनाएं बनाएं
याजियो	वजन के लक्ष्य, स्वस्थ भोजन
हेल्थिफाईमी (भारत-आधारित)	भारतीय भोजन, कोचिंग, कैलोरी ट्रैकिंग
व्हिस्क	फ्रिज में रखी चीजों के आधार पर रेसिपी सुझाता है
चैटजीपीटी	पूछें: "₹100 के तहत स्वस्थ शाकाहारी भोजन सुझाएं।"

इसे आज़माएं: एक पैकेट स्नैक के लेबल को स्कैन करने के लिए हेल्थिफाईमी का उपयोग करें। देखें इसमें कितनी चीनी या नमक है। चौंकाने वाला है, है ना?

माइंडफुलनेस और विश्राम के लिए AI

आपका मानसिक स्वास्थ्य आपके शारीरिक स्वास्थ्य जितना ही मायने रखता है। **AI इसमें मदद कर सकता है:**

- ध्यान
- श्वास व्यायाम
- जर्नलिंग
- फोकस प्लेलिस्ट
- नींद की कहानियां

चिल-आउट उपकरण:

उपकरण	यह क्या करता है
हेडस्पेस / काम	निर्देशित ध्यान और नींद की कहानियां
वायसा एआई	भावनात्मक समर्थन के लिए चैटबॉट
इनसाइट टाइमर	संगीत के साथ ध्यान
सूमो / लो-फाई जेनरेटर	आरामदेह पृष्ठभूमि संगीत बनाएं
रिफ्लेक्टली एआई	मूड ट्रैकिंग के साथ दैनिक जर्नलिंग

बोनस: चैटजीपीटी से पूछें, "चिंता के लिए मुझे 5 मिनट का ध्यान लिखें।"

मज़ा और संगीत के लिए AI

ऊबा हुआ या उदास महसूस कर रहे हैं? AI को आनंद बनाने या क्यूरेट करने दें:

उपकरण	यह क्या करता है
स्पॉटिफाई एआई डीजे	मूड के आधार पर व्यक्तिगत प्लेलिस्ट
सूमो / उडियो	अपने खुद के गाने बनाएं
यूट्यूब म्यूजिक एआई	आपको आगे क्या पसंद आ सकता है, सुझाता है
बीटलीप	अपनी रीलों या वीडियो में बीट्स जोड़ें
बूमी	मिनटों में संगीत बनाएं – किसी वाद्य यंत्र की आवश्यकता नहीं

चुनौती: एक अध्ययन गान, पोस्ट-वर्कआउट पंप-अप, या AI के साथ सोने का लो-फाई ट्रैक बनाएं।

इसे आज़माएं:

आपकी 1-दिवसीय एआई वेलनेस योजना

समय	कार्य	AI मदद
7:00 AM	स्मार्ट उठो	स्लीप साइकिल अलार्म
7:30 AM	स्वस्थ नाश्ता	हेल्थिफाईमी रेसिपी
8:00 AM	15 मिनट का स्ट्रेच	नाइके ट्रेनिंग क्लब एआई
4:00 PM	मूड खराब?	काम या सूमो संगीत
7:00 PM	20 मिनट की सैर	गूगल फिट लक्ष्य
9:00 PM	दिन पर चिंतन करें	रिफ्लेक्टली जर्नलिंग

बस एक दिन के लिए इसे आज़माएं — फर्क महसूस करें।

संतुलन ही कुंजी है

हाँ, AI आपको स्वस्थ बनने में मदद करता है। लेकिन इसे दबाव का खेल न बनने दें।

न करें:

- संख्याओं पर जुनूनी होना
- दूसरों के साथ लगातार प्रतिस्पर्धा करना
- ऑनलाइन हर फिटनेस प्रभावशाली व्यक्ति पर विश्वास करना

करें:

- छोटी जीत का जश्न मनाएं
- AI का उपयोग यह जानने के लिए करें कि आपके लिए क्या काम करता है
- तकनीक के समय को वास्तविक जीवन के मज़े के साथ मिलाएं

आइए चिंतन करें

- क्या आपको सिर्फ 10 मिनट अपने शरीर को हिलाने के बाद बेहतर महसूस होता है?
- "स्मार्ट खाने" का आपके लिए क्या मतलब है?
- क्या AI आपको एक मज़ेदार दिनचर्या बनाने में मदद कर सकता है बजाय एक उबाऊ दिनचर्या के?

वेलनेस और विज्ञान: विशेषज्ञ क्या कहते हैं

शोध से पता चलता है:

- फिटनेस ट्रैकिंग एप का उपयोग करने वाले किशोर अधिक सक्रिय होते हैं।
- AI रिमाइंडर सकारात्मक आदतें बनाने में मदद करते हैं।
- निर्देशित ध्यान नींद और एकाग्रता को बढ़ावा देता है।
- व्यक्तिगत AI सुझाव = लंबी आदत स्थिरता यही कारण है कि स्कूल और वेलनेस कार्यक्रम अब AI-संचालित प्लेटफार्मों को शामिल करते हैं। वेलनेस अब सज़ा के बारे में नहीं है। यह निजीकरण के बारे में है — और AI उसमें मदद करता है।

अध्याय सारांश

- AI आपके शारीरिक स्वास्थ्य, भोजन, मूड और दैनिक आदतों का मार्गदर्शन कर सकता है।
- स्मार्टवॉच, स्लीप एप्स और फिटनेस ट्रैकर बेहतर दिनचर्या बनाने में मदद

करते हैं।

- हेल्थिफाईमी, काम, वायसा और सूमो जैसे एप आपकी वेलनेस यात्रा में मज़ा + आसानी जोड़ते हैं।
- संतुलित, joyful और स्वस्थ रहने के लिए AI का उपयोग करें — दबाव में नहीं।
- संतुलित, joyful और स्वस्थ रहने के लिए AI का उपयोग करें — दबाव में नहीं।

अध्याय 6

समय प्रबंधन और उत्पादकता के लिए AI

स्मार्टर योजना बनाएं, बेहतर ध्यान केंद्रित करें, और काम करें

"बहुत कुछ करना है, बहुत कम समय है?"

आपके पास इतिहास का टेस्ट है, फुटबॉल अभ्यास है, दो असाइनमेंट हैं, एक जन्मदिन की पार्टी है, और आप पहले से ही अपनी नींद में पीछे हैं। क्या यह जाना-पहचाना लग रहा है?

अब इसकी कल्पना कीजिए:

- आपका दिन पहले से ही नियोजित है।
- कार्य प्राथमिकता के अनुसार विभाजित हैं।

• आपको समय पर रिमाइंडर मिलते हैं।
• आप समय सीमा से पहले काम पूरा करते हैं।
• और आपके पास अभी भी आराम करने का समय है। जादुई लग रहा है? ऐसा नहीं है। यह समय प्रबंधन के लिए AI की शक्ति है।

किशोरों को स्मार्ट समय उपकरणों की आवश्यकता क्यों है

आज किशोर जीवन = आपके दिमाग में 100 टैब खुले हैं। स्कूल, दोस्तों, शौक और स्क्रीन टाइम के बीच, समय फिसल रहा है। AI आपको अधिक समय नहीं देता है — लेकिन यह आपको समय का बेहतर उपयोग करने में मदद करता है:

• तनाव कम करना
• ध्यान बढ़ाना
• लक्ष्यों को ट्रैक करना
• उबाऊ कार्यों को स्वचालित करना
• मज़े के लिए जगह बनाना

उत्पादकता पहेली

समय प्रबंधन सब कुछ करने के बारे में नहीं है। यह सही समय पर सही काम करने के बारे में है। **AI उपकरणों के साथ, आप कर सकते हैं:**

• कार्यों को प्रबंधनीय टुकड़ों में तोड़ें
• ऊर्जा स्तरों के आधार पर शेड्यूल करें
• रिमाइंडर सेट करें जिनका आप वास्तव में पालन करेंगे
• टालमटोल करना बंद करें (आख़िरकार!) आइए देखें कैसे।

अपने दिन को व्यवस्थित करने के लिए AI उपकरण

उपकरण	**यह क्या करता है**	**यह इतना शानदार क्यों है**
रीक्लेम.एआई	आपके कैलेंडर की स्वतः योजना बनाता है	वास्तविक जीवन के आधार पर कार्यों को इधर-उधर ले जाता है
मोशन	कैलेंडर + कार्य सूची को जोड़ता है	आपको एक समय में एक चीज पर ध्यान केंद्रित करने में मदद करता है
स्केडपाल	आपकी प्राथमिकताओं का उपयोग करके स्मार्टली शेड्यूल करता है	एडीएचडी दिमागों के लिए बहुत अच्छा
नोशन एआई	अध्ययन प्लानर + जीवन डैशबोर्ड	किशोरों के लिए ऑल-इन-वन हब
ट्रेलो + बटलर एआई	स्वचालन के साथ प्रोजेक्ट बोर्ड	समूह परियोजनाओं के लिए अच्छा
क्लॉकिफाई / पोमोफोकस	आप समय कैसे बिताते हैं, उसे ट्रैक करता है	विकर्षणों को ठीक करने में मदद करता है

बोनस: बड़े लक्ष्यों को छोटे चरणों में तोड़ने के लिए चैटजीपीटी का उपयोग करें।

पूछें: "बिना थके अपनी बोर्ड परीक्षाओं के लिए अध्ययन करने के लिए एक साप्ताहिक योजना बनाएं।"

स्मार्ट शेड्यूलिंग के लिए AI का उपयोग कैसे करें

चरण 1: अपनी साप्ताहिक प्राथमिकताएं निर्धारित करें अपनी सूची बनाएं:

- कक्षाएं
- असाइनमेंट
- अध्ययन लक्ष्य
- अतिरिक्त गतिविधियां
- आराम का समय

चरण 2: स्मार्ट कैलेंडर में डालें (जैसे, Reclaim.ai)

- समय सीमा के साथ कार्य जोड़ें
- फोकस घंटे निर्धारित करें
- बफर टाइम जोड़ें

चरण 3: AI को काम करने दें

- यह कार्यों को पुनर्व्यवस्थित करता है
- आपको धीरे से याद दिलाता है
- ओवरलैप या ओवरलोड से बचने में मदद करता है

चरण 4: हर रविवार समीक्षा करें

- क्या काम किया?
- क्या फिसल गया?
- अगले सप्ताह के लिए समायोजित करें

AI के साथ टालमटोल पर काबू पाएं

AI आपकी स्क्रॉलिंग को नहीं रोक सकता। लेकिन यह आपको अपनी आदतों को समझने में मदद कर सकता है। **जैसे उपकरण:**

- **रेस्क्यूटाइम** – स्क्रीन टाइम और एप उपयोग को ट्रैक करता है

- **फॉरेस्ट एप** – जब आप केंद्रित रहते हैं तो एक पेड़ उगाएं
- **स्टेफ्री एआई** – ऐप द्वारा विकर्षणों को तोड़ें
- **मोशन एआई** – आपको अपनी योजना पर वापस धकेलता है

टिप: यदि आप रीलों पर 2 घंटे बर्बाद करते हैं, तो इनाम के रूप में "स्क्रॉल टाइम" शेड्यूल करें। मज़े पर प्रतिबंध न लगाएं। इसे संतुलित करें।

AI मदद के साथ नमूना दैनिक दिनचर्या

समय	गतिविधि	AI मित्र
6:45 AM	उठना	स्मार्ट अलार्म (स्लीप साइकिल)
7:30 AM	स्कूल की तैयारी	मोशन के माध्यम से रिमाइंडर
4:00 PM	होमवर्क	पोमोफोकस के साथ ट्रैक किया गया अध्ययन सत्र
6:00 PM	बाहरी गतिविधि	गूगल फिट लक्ष्य
7:30 PM	रिवीजन	नोशन एआई फ्लैशकार्ड
9:00 PM	चिंतन	चैटजीपीटी मूड जर्नलिंग

यह पूर्णता के बारे में नहीं है। यह अराजकता को प्रबंधनीय बनाने के बारे में है।

समय + लक्ष्य = उत्पादकता

AI इसमें भी मदद कर सकता है:

- **लक्ष्य निर्धारण:** साप्ताहिक अध्ययन लक्ष्यों का मसौदा तैयार करने के लिए चैटजीपीटी का उपयोग करें

- **आदत ट्रैकिंग:** नोशन टेम्प्लेट या लूप हैबिट ट्रैकर का उपयोग करें
- **समय सीमा:** रिमाइंडर के साथ ट्रेलो या टोडोइस्ट का उपयोग करें
- **फोकस म्यूज़िक:** "गहरे काम" बीट्स बजाने के लिए सूमो या स्पॉटिफाई एआई डीजे से पूछें

"इसे आज़माएं" उत्पादकता चुनौतियां

चुनौती 1: एक दिवसीय एआई शेड्यूल

- रीक्लेम.एआई या मोशन का उपयोग करें
- AI को अपने पूरे दिन की योजना बनाने दें
- इसका पालन करें और जर्नल करें कि आपको कैसा महसूस हुआ

चुनौती 2: पोमोडोरो पावर

- पोमोफोकस का उपयोग करें (25 मिनट का काम + 5 मिनट का ब्रेक)
- टाइमर के साथ 3 राउंड करें
- बाद में ख़ुद को इनाम दें

चुनौती 3: डिजिटल डिटॉक्स आवर

- एक "नो स्क्रीन आवर" शेड्यूल करें
- गैर-तकनीकी गतिविधियों का सुझाव देने के लिए AI का उपयोग करें
- अपने ध्यान और मूड पर चिंतन करें

आइए चिंतन करें

- आपके दिन का अधिकांश समय क्या बर्बाद करता है?
- AI आपको कौन सा काम तेज़ी से करने में मदद कर सकता है?
- क्या आप अपने समय को नियंत्रित करते हैं — या सिर्फ प्रतिक्रिया करते हैं?

उत्पादकता का मानसिक पक्ष

अति काम करना सम्मान का प्रतीक नहीं है। स्मार्ट उत्पादकता = काम + आराम + आनंद AI का उपयोग करें:

- अत्यधिक काम को ख़त्म करें
- ट्रैक करें कि आपने कितना काम किया है
- ब्रेक के लिए समय ब्लॉक करें यहां तक कि 15 मिनट का केंद्रित काम भी एक जीत है।

अध्याय सारांश

- AI स्मार्ट कैलेंडर, रिमाइंडर और प्लानिंग एप्स के माध्यम से आपके समय को प्रबंधित करने में मदद करता है।
- टालमटोल पर काबू पाने के लिए मोशन, रीक्लेम.एआई, नोशन और पोमोफोकस जैसे उपकरणों का उपयोग करें।
- पूर्णता नहीं, बल्कि निरंतरता बनाने के लिए साप्ताहिक रूप से चिंतन करें।
- फोकस और मज़े को संतुलित करें — AI दोनों में मदद कर सकता है।

अध्याय 7

रचनात्मकता के लिए AI

कला, संगीत, लेखन और वीडियो

स्मार्ट उपकरणों के साथ एक डिजिटल निर्माता बनें

"सिर्फ उपभोक्ता नहीं। एक निर्माता बनें।"

आप अद्भुत रीलों के माध्यम से स्क्रॉल करते हैं। आपकी उम्र के किसी व्यक्ति ने शांत दृश्यों के साथ एक लो-फाई बीट बनाई है। किसी और ने एक डिजिटल कॉमिक प्रकाशित किया है। एक सहपाठी ने अभी एक सुंदर AI कला कृति पोस्ट की है। और आप सोचते हैं: क्या मैं भी यह कर सकता हूँ? उत्तर है: हाँ। आपको एक पेशेवर कलाकार, गायक या संपादक होने की आवश्यकता नहीं है। AI के साथ, आपको बस विचारों — और जिज्ञासा की आवश्यकता है। AI हर किशोर के लिए रचनात्मकता को सुलभ बनाता है।

रचनात्मकता क्यों मायने रखती है

रचनात्मकता सिर्फ मनोरंजन के लिए नहीं है। यह आपको मदद करती है:

- भावनाओं को व्यक्त करें
- समस्याओं को हल करें
- तनाव कम करें
- करियर तलाशें
- आत्मविश्वास बढ़ाएं चाहे आपको ड्राइंग, रैपिंग, जर्नलिंग, एडिटिंग, या कहानी सुनाना पसंद हो — AI आपको तेज़ी से, स्मार्टर और कूलर बनाने में मदद कर सकता है।

कला और डिज़ाइन के लिए AI उपकरण

बनाना चाहते हैं:

- डिजिटल पोस्टर?
- इंस्टा पोस्ट?
- अमूर्त पेंटिंग?
- स्कूल इन्फोग्राफिक्स?

यहां बताया गया है कि AI कैसे मदद करता है:

उपकरण	**यह क्या करता है**
कैनवा मैजिक	टेक्स्ट प्रॉम्प्ट का उपयोग करके कुछ भी डिज़ाइन करें
मिडजर्नी	शानदार AI छवियां बनाएं
डैल-ई (ओपनएआई)	शब्दों को चित्रों में बदलें
एडोब फायरफ्लाई	पेशेवर-स्तर का AI डिज़ाइन
बिंग इमेज क्रिएटर	टेक्स्ट से मुफ्त, आसान AI कला

इसे आज़माएं: डैल-ई में प्रॉम्प्ट करें: "एक किशोर लड़की नियॉन आकाश के नीचे एक लैपटॉप के साथ बैठी, सितारों के बारे में सपने देख रही है।" बूम! तत्काल कला।

AI का उपयोग करें:
- स्कूल प्रस्तुतियाँ
- डिजिटल पोर्टफोलियो
- कार्यक्रमों के लिए पोस्टर
- मीम्स (हाँ, मीम्स!)

बोनस: अतिरिक्त शांत प्रभावों के लिए अपनी तस्वीरों को AI फिल्टर के साथ मिलाएं।

लेखन के लिए AI: कहानियां, कविताएं और बहुत कुछ

राइटर ब्लॉक? AI आपका सह-लेखक है!

उपकरण	यह क्या करता है
चैटजीपीटी	कविताएं, स्क्रिप्ट, कहानियां लिखें
कैनवा मैजिक राइट	लघु रूप सामग्री और कैप्शन
सुडोराइट	कहानियों का विस्तार करें, मोड़ें या फिर से लिखें
क्विलबॉट	पाठ का पुनर्कथन करें और उसे बढ़ाएं
हेमिंग्वे एडिटर	अपने लेखन को बोल्ड और स्पष्ट बनाएं

आज़माने के विचार:
- "परीक्षाओं को एक खलनायक के रूप में एक कविता लिखें।"
- "एक मज़ेदार स्कूल स्केच के लिए एक छोटी स्क्रिप्ट बनाएं।"
- "अपने शहर में स्थापित एक रहस्यमय कहानी के लिए एक साज़िश बनाएं।" आप यह भी कर सकते हैं:

- गीत लिखें
- ब्लॉग ड्राफ्ट करें
- भाषण प्रतियोगिताएं तैयार करें

याद रखें: AI आपको बीज देता है। आप कहानी उगाते हैं।

संगीत के लिए AI: अपने ख़ुद के डीजे बनें

संगीत बनाना चाहते हैं लेकिन कभी कोई वाद्य यंत्र नहीं सीखा? कोई बात नहीं। **AI आपको मदद कर सकता है:**

- अपने ख़ुद के ट्रैक बनाएं
- ऑडियो रीमिक्स करें
- रीलों या पृष्ठभूमि अध्ययन प्लेलिस्ट के लिए गाने बनाएं

उपकरण	यह क्या करता है
सूमो एआई	प्रॉम्प्ट से संगीत उत्पन्न करें
उडियो	गीतों और बीट के साथ एआई गाने
बूमी	मिनटों में स्वतः-संगीत बनाएं
साउंडरॉ / बीटोवन	मूड के अनुसार संगीत बनाएं
बीटलीप	आपके वीडियो टाइमिंग के साथ बीट्स का मिलान करें

उदाहरण: प्रॉम्प्ट: "रात के अध्ययन के लिए एक आरामदेह लो-फाई बीट बनाएं" – सूमो आपको पूरी तरह से निर्मित संगीत क्लिप देगा!

वीडियो के लिए AI: एक निर्माता बनें

चाहे वह YouTube, स्कूल परियोजनाएं, या व्यक्तिगत मज़ा हो — वीडियो सामग्री अलग दिखती है। **AI आपको मदद करता है:**

- तेज़ी से संपादित करें
- वॉयसओवर जोड़ें
- लंबे वीडियो को रीलों में काटें
- उपशीर्षक और प्रभाव जोड़ें

उपकरण	यह क्या करता है
सिंथेसिया	बात करने वाले अवतार वीडियो बनाएं
ओपसक्लिप	लंबे वीडियो को शॉर्ट्स में बदलें
रनवे एआई	टेक्स्ट-टू-वीडियो संपादन
पिक्टरी	टेक्स्ट या ब्लॉग को वीडियो में बदलें
डिस्क्रिप्ट	प्रतिलेख को संपादित करके वीडियो संपादित करें

उदाहरण:

- किसी विषय के 1 मिनट के स्पष्टीकरण को रिकॉर्ड करें
- ओपसक्लिप पर अपलोड करें
- 1 क्लिक में एक मज़ेदार, टिकटॉक-तैयार छोटा वीडियो प्राप्त करें!

इसे आज़माएं: आपका AI रचनात्मकता सप्ताहांत

कोई भी 2 विचार चुनें:

लक्ष्य	AI टूल
सोमवार उदासी के बारे में एक गीत बनाएं	सूमो या बूमी
अपने सपनों का कमरा डिज़ाइन करें	मिडजर्नी
एक कॉमिक स्ट्रिप बनाएं	कैनवा + चैटजीपीटी
"गणित चिंता" पर एक कविता लिखें	चैटजीपीटी
एक पैराग्राफ को वीडियो में बदलें	पिक्टरी
किसी उद्देश्य के लिए एक इंस्टा पोस्ट बनाएं	कैनवा मैजिक

फिर दोस्तों के साथ साझा करें — या बस अपनी बनाई हुई चीज़ पर मुस्कुराएं!

स्कूल और रचनात्मक परियोजनाएं

शिक्षक तब पसंद करते हैं जब आप:

- दृश्यों के साथ एक प्रस्तुति प्रस्तुत करें
- अभियानों के लिए डिजिटल पोस्टर का उपयोग करें
- स्कूल कार्यक्रमों के लिए वीडियो बनाएं
- भाषा परियोजनाओं में ऑडियो कहानियां जोड़ें आपको महंगे सॉफ्टवेयर की आवश्यकता नहीं है — बस स्मार्ट AI उपकरण और कल्पना की आवश्यकता है।

टिप: यदि प्रतियोगिताओं या औपचारिक परियोजनाओं में उपयोग किया जाता है तो हमेशा AI-निर्मित कला के लिए क्रेडिट दें।

आपका रचनात्मक पोर्टफोलियो अब शुरू होता है

अपना ख़ुद का बनाने के लिए नोशन या गूगल साइट्स का उपयोग करें:

- स्टोरी ब्लॉग
- संगीत संग्रह
- पोस्टर गैलरी
- वीडियो चैनल AI को कुछ ऐसा बनाने में मदद करने दें जो आपको प्रदर्शित करता है। क्योंकि आज रचनात्मक होना वैकल्पिक नहीं है — यह आपकी महाशक्ति है।

आइए चिंतन करें

- आप हमेशा क्या बनाना चाहते थे?
- AI आपको कैसे शुरू करने में मदद कर सकता है — भले ही आप अभी तक "अच्छे" न हों?
- रचनात्मकता स्कूल और जीवन में कैसे मदद कर सकती है?

रचनात्मक नैतिकता: बस कॉपी-पेस्ट न करें

जबकि AI मदद करता है, न करें:

- कला को कॉपी करें और इसे अपना कहें
- अनुमति के बिना प्रतियोगिताओं में AI-जनित सामग्री का उपयोग करें
- केवल प्रॉम्प्ट पर भरोसा करें — अपना ख़ुद का ट्विस्ट डालें

AI के साथ बनाएं। इसके कारण नहीं।

अध्याय सारांश

• AI उपकरण आपको एक डिजिटल कलाकार, लेखक, संगीतकार या वीडियो निर्माता बनने में मदद कर सकते हैं — किसी विशेषज्ञ कौशल की आवश्यकता नहीं है।

• अपने विचारों को व्यक्त करने के लिए कैनवा, मिडजर्नी, चैटजीपीटी, सूमो और ओपसक्लिप जैसे उपकरणों का उपयोग करें।

• अद्भुत स्कूल परियोजनाओं या मज़ेदार सामग्री बनाने के लिए अपनी कल्पना को AI की गति के साथ मिलाएं।

• स्मार्ट एप्स का उपयोग करके अपना ख़ुद का पोर्टफोलियो और रचनात्मक आदतें बनाएं।

अध्याय 8

वर्चुअल असिस्टेंट जिन्हें आपको जानना चाहिए

उन AI साथियों से मिलें जो आपको सोचने, योजना बनाने और अधिक करने में मदद करते हैं

"हे असिस्टेंट, क्या आप मदद कर सकते हैं?"

आप एक गणित की समस्या में फंस गए हैं। आप अपनी करने वाली सूची भूल गए हैं। आपको एक ईमेल भेजना है लेकिन टोन का पता नहीं चल रहा है। और आपको अभी भी अपनी परीक्षा के लिए रिवीज़न करना है। आप चाहते हैं कि कोई — या कुछ — आपको बिना किसी निर्णय के, 24/7 मार्गदर्शन कर सके। क्या आप जानते हैं? यही एक वर्चुअल असिस्टेंट करता है। AI सहायकों की दुनिया में आपका स्वागत है — आपके डिजिटल साथी

जो आपको बात करने, टाइप करने, सोचने, योजना बनाने और अपने जीवन को व्यवस्थित करने में मदद करते हैं।

वर्चुअल असिस्टेंट क्या है?

एक वर्चुअल असिस्टेंट एक स्मार्ट AI प्रोग्राम है जो आपको मदद करता है:

- सवालों के जवाब दें
- कार्यों को व्यवस्थित करें
- समस्याओं को हल करें
- रिमाइंडर सेट करें
- ईमेल ड्राफ्ट करें
- दिनचर्या की योजना बनाएं
- और यहाँ तक कि एक दोस्त की तरह बात करें उनके पास शरीर नहीं होता। लेकिन वे एक डिजिटल मस्तिष्क की तरह कार्य करते हैं — तेज़, अनुकूल और कभी भी उपलब्ध। उन्हें अपनी तकनीकी जिनी के रूप में सोचें, लेकिन जादुई दीपक के बिना।

सामान्य वर्चुअल असिस्टेंट जिन्हें आप पहले से जानते हैं

असिस्टेंट	यह क्या करता है	प्लेटफॉर्म
चैटजीपीटी	चैट, लिखना, समझाना, विचार-मंथन करना	वेब, ऐप
गूगल जेमिनी	खोज + योजना	एंड्रॉइड, वेब
सिरी	आवाज-आधारित सहायता	आईओएस
एलेक्सा	स्मार्ट होम असिस्टेंट	इको डिवाइस
माइक्रोसॉफ्ट कोपायलट	वर्ड, एक्सेल, पावरपॉइंट में	विंडोज
क्लाउड एआई	रचनात्मक लेखन + दस्तावेज	वेब
परप्लेक्सीटी	होमवर्क-अनुकूल एआई खोज	वेब, ऐप

ये सहायक मुफ्त या प्रीमियम हैं, और आपके घंटों का समय बचा सकते हैं।

वे वास्तविक किशोर जीवन में कैसे मदद करते हैं

आइए देखें कि ये सहायक आपकी दिनचर्या में कैसे काम करते हैं:

अध्ययन

- **चैटजीपीटी से पूछें:** "रासायनिक बंधन को आसान भाषा में समझाएं।"
- लंबे पीडीएफ अध्यायों का सारांश करने के लिए क्लाउड एआई का उपयोग करें।
- लिंक के साथ विश्वसनीय परिणाम प्राप्त करने के लिए जेमिनी का उपयोग करें।

योजना

- **चैटजीपीटी से पूछें:** "ब्रेक के साथ अगले सप्ताह के लिए मेरे लिए एक अध्ययन अनुसूची बनाएं।"
- **सिरी का उपयोग करें:** "मुझे शाम 6 बजे जीव विज्ञान को संशोधित करने की याद दिलाएं।"
- अपनी परीक्षा सप्ताह की योजना बनाने के लिए गूगल कैलेंडर + जेमिनी का उपयोग करें।

लेखन

- **कोपायलट से पूछें:** "जलवायु परिवर्तन पर मेरे निबंध में सुधार करें।"
- चैटजीपीटी का उपयोग करें: "स्कूल के प्रधानाचार्य को एक औपचारिक ईमेल लिखें।"

रचनात्मकता

- **क्लाउड से पूछें:** "एक स्कूल नाटक के लिए एक स्क्रिप्ट लिखें।"
- **चैटजीपीटी का उपयोग करें:** "परीक्षा तनाव के बारे में एक रील के लिए मुझे विचार दें।"
- डिज़ाइन के लिए कैनवा या वीडियो के लिए पिक्टरी के साथ पेयर करें।

आइए तुलना करें:

आपको किस असिस्टेंट का उपयोग करना चाहिए?

कार्य	सर्वश्रेष्ठ असिस्टेंट
निबंध या कहानियां लिखना	चैटजीपीटी / क्लाउड
अध्यायों का सारांश करना	क्लाउड / जेमिनी
वॉयस कमांड	सिरी / एलेक्सा
शेड्यूलिंग और रिमाइंडर	गूगल जेमिनी / सिरी
शोध सहायता	परप्लेक्सीटी
स्कूल के दस्तावेज	माइक्रोसॉफ्ट कोपायलट
बातचीत	चैटजीपीटी / रेप्लिका
कक्षा प्रस्तुतियाँ	पावरपॉइंट में कोपायलट

टिप: प्रत्येक को एक सप्ताह के लिए आज़माएं। देखें कि आपकी शैली के लिए कौन सा सबसे उपयुक्त है!

चैटजीपीटी – आपका ऑल-इन-वन विचार मित्र

इसका उपयोग करें:

- परिभाषाएँ
- अनुवाद
- होमवर्क फिर से लिखना
- प्रश्न उत्पन्न करना
- बहस का अभ्यास करना
- चुटकुले लिखना

• कविता बनाना
• अध्ययन खेल बस टाइप करें: "कक्षा 10 जीव विज्ञान – कोशिका संरचना से 10 एमसीक्यू का एक क्विज़ बनाएं" बूम! तत्काल टेस्ट।

टिप: आपका प्रॉम्प्ट जितना बेहतर होगा, जवाब उतना ही बेहतर होगा। विशिष्ट होने का प्रयास करें: "स्कूल विज्ञान परियोजना के लिए 100 शब्दों में ब्लैक होल समझाएं।"

गूगल जेमिनी – स्मार्ट खोज + प्लानर

• **पूछें:** "भारत के स्वतंत्रता संग्राम से 5 मुख्य बिंदु क्या हैं?"
• **या:** "आज के मौसम का सारांश + शाम 3 बजे छाते के लिए रिमाइंडर जोड़ें"
• जेमिनी दिनचर्या की योजना भी बना सकता है और आपके गूगल एप्स के साथ एकीकृत हो सकता है। यह एक दिमाग़ के साथ गूगल होने जैसा है।

माइक्रोसॉफ्ट कोपायलट – स्कूल सॉफ्टवेयर में एआई

वर्ड, एक्सेल, पावरपॉइंट में उपलब्ध। इसका उपयोग करें:
• निबंधों को फिर से लिखें
• स्पीकर नोट्स जोड़ें
• टेक्स्ट को स्लाइड्स में बदलें
• चार्ट उत्पन्न करें
• फॉर्मेटिंग समस्याओं को ठीक करें स्कूल असाइनमेंट + प्रतियोगिताओं के लिए बिल्कुल सही।

क्लाउड एआई – लंबे जवाबों के लिए बहुत अच्छा

क्लाउड लंबे दस्तावेज़ों और गहन तर्क को संभालता है। इसका उपयोग करें:
• बड़ी पीडीएफ पढ़ना

- विचारशील निबंध लिखना
- रोलप्ले या कहानी बनाना
- परियोजना समर्थन

पूछें: "मुझे अक्षय ऊर्जा पर एक विज्ञान परियोजना की रूपरेखा बनाने में मदद करें।"

परप्लेक्सीटी – स्मार्ट होमवर्क रिसर्च के लिए

एक प्रश्न टाइप करें। यह आपको देता है:

- त्वरित जवाब
- उद्धरण + स्रोत
- अधिक पढ़ने के लिए लिंक इतिहास, भूगोल, या सामान्य अनुसंधान के लिए बहुत अच्छा है।

पूछें: "भूकंप का क्या कारण है? पढ़ने के लिए 3 स्रोत दें।"

इसे आज़माएं: असिस्टेंट बैटल

एक कार्य चुनें — जैसे "प्रकाश संश्लेषण पर अध्याय का सारांश करें।" उसी प्रॉम्प्ट को इसमें आज़माएं:

- चैटजीपीटी
- क्लाउड
- जेमिनी
- परप्लेक्सीटी फिर तुलना करें:
- कौन सा स्पष्ट है?
- कौन सा सटीक है?
- कौन सा आपकी शैली जैसा लगता है?

आइए चिंतन करें

- क्या आपने कभी सोचा है कि आपके पास एक ट्यूटर होता?
- आप किस असिस्टेंट पर सबसे ज़्यादा भरोसा करते हैं — और क्यों?
- ये उपकरण तनाव को कैसे कम कर सकते हैं, बढ़ा नहीं सकते?

एक स्मार्ट उपयोगकर्ता बनें

न करें:

- परीक्षणों में धोखा देने के लिए AI का उपयोग करें
- व्यक्तिगत डेटा साझा करें
- AI पर 100% निर्भर रहें

करें:

- हर जवाब की समीक्षा करें
- जो यह कहता है उससे सीखें
- AI ड्राफ्ट में अपना ख़ुद का ट्विस्ट दें वर्चुअल असिस्टेंट का उपयोग वास्तविक जीवन में समस्या-समाधानकर्ता बनने के लिए करें।

स्कूल और वर्चुअल असिस्टेंट

कई एनईपी-संरेखित स्कूल हैं:

- रचनात्मक लेखन के लिए चैटजीपीटी को एकीकृत करना
- असाइनमेंट के लिए कोपायलट का उपयोग करना
- छात्रों को एआई साक्षरता में प्रशिक्षित करना आप अब सिर्फ एक छात्र नहीं हैं। आप एक डिजिटल दुनिया में एक स्मार्ट उपयोगकर्ता हैं।

अध्याय सारांश

• चैटजीपीटी, जेमिनी, क्लाउड, सिरी और कोपायलट जैसे वर्चुअल असिस्टेंट सीखने, योजना बनाने, लिखने और बहुत कुछ में मदद करते हैं।

• प्रत्येक की ताकतें हैं — अपने कार्य के आधार पर उनका उपयोग करें।

• हमेशा परिणामों को सत्यापित करें, अपनी गोपनीयता की रक्षा करें, और AI-जनित सामग्री में अपनी आवाज जोड़ें।

• वर्चुअल असिस्टेंट = कम तनाव, अधिक सफलता।

अध्याय 9

जिम्मेदार AI – सुरक्षित, निजी और स्मार्ट रहना

एक विचारशील, नैतिक और सुरक्षित AI उपयोगकर्ता बनें

"सिर्फ इसलिए कि आप AI का उपयोग कर सकते हैं इसका मतलब यह नहीं है कि आपको करना चाहिए..."

आपने एक प्रश्न टाइप किया और एक बढ़िया उत्तर मिला। आपने एक निबंध को ठीक करने के लिए AI का उपयोग किया। आपने उसे चुटकुले बनाने, कला उत्पन्न करने, या एक गणित की समस्या हल करने के लिए कहा। यह काम कर गया। आपने स्मार्ट महसूस किया। कुशल महसूस किया। लेकिन फिर...

- आपने एक चैटबॉट में व्यक्तिगत विवरण साझा किए।
- कक्षा में किसी ने एक AI-लिखित परियोजना प्रस्तुत की।
- एक दोस्त को डीपफेक वीडियो से नकली ख़बर मिली। यहीं से ज़िम्मेदार

AI का उपयोग आता है। यह अध्याय आपको डराने के बारे में नहीं है। यह शक्ति + ज़िम्मेदारी के बारे में है — डिजिटल दुनिया का स्पाइडर-मैन नियम।

"ज़िम्मेदार AI उपयोग" क्यों मायने रखता है

AI शक्तिशाली है। लेकिन यह सही नहीं है। यह कर सकता है:

- ग़लत जानकारी साझा करें
- पूर्वाग्रह फैलाएं
- धोखा देने या साइबरबुलिंग के लिए दुरुपयोग किया जाए
- आपका निजी डेटा संग्रहीत करें
- आपके निर्णयों को प्रभावित करें आप, उपयोगकर्ता, नियंत्रण में होने चाहिए।

नियम #1: अपनी गोपनीयता की रक्षा करें

AI उपकरण सीखने के लिए डेटा एकत्र करते हैं। यह हमेशा बुरा नहीं होता — यह उन्हें आपकी बेहतर सेवा करने में मदद करता है। लेकिन आपको सावधान रहना होगा।

क्या करें:

- एक एप जिन अनुमतियों के लिए पूछता है उन्हें पढ़ें।
- ज़रूरत पड़ने पर निजी या गुप्त मोड का उपयोग करें।
- मज़बूत पासवर्ड का उपयोग करें
- व्यक्तिगत जानकारी (नाम, स्कूल, पता, चित्र) को सार्वजनिक उपकरणों से दूर रखें
- साझा उपकरणों से लॉग आउट करें

क्या न करें:

- चैटबॉट के साथ अत्यधिक साझा न करें

- AI नोटटेकिंग टूल में पासवर्ड सहेजें नहीं
- अज्ञात AI संदेशों से लिंक पर क्लिक न करें

स्मार्ट किशोर टिप: हमेशा ख़ुद से पूछें — "क्या मैं यह किसी अजनबी से कहूंगा?" यदि नहीं, तो इसे AI में टाइप न करें।

नियम #2: धोखा देने के लिए AI का उपयोग न करें

ईमानदार रहें — AI निबंध लिख सकता है, गणित हल कर सकता है, और कोड उत्पन्न कर सकता है। यह लुभावना है। लेकिन याद रखें: शॉर्टकट कौशल का निर्माण नहीं करते हैं। आपके शिक्षक आपके उत्तरों की जाँच नहीं कर रहे हैं — वे आपकी सोच का निर्माण कर रहे हैं। यदि AI इसे प्रतिस्थापित करता है, तो आप हार जाते हैं।

AI का उपयोग करें:

- विषय को समझें
- सारांशित करें और संशोधित करें
- ड्राफ्ट करें और सुधारें
- क्विज़ प्रश्नों का अभ्यास करें

AI का उपयोग करने से बचें:

- पूरा होमवर्क कॉपी-पेस्ट करना
- बिना पढ़े असाइनमेंट लिखना
- AI-लिखित निबंधों को अपना कहना
- वास्तविक विषय सीखना छोड़ना
- AI को एक मार्गदर्शक के रूप में उपयोग करें — एक घोस्टराइटर के रूप में नहीं।

नियम #3: समझें कि AI ग़लत हो सकता है

AI स्मार्ट है — लेकिन सब कुछ जानने वाला नहीं। कभी-कभी यह:

- तथ्य बनाता है
- पुरानी जानकारी देता है
- सांस्कृतिक या लैंगिक पूर्वाग्रह दिखाता है
- आत्मविश्वास से बोलता है — भले ही ग़लत हो

हमेशा सत्यापित करें:

- तारीखें
- परिभाषाएँ
- डेटा
- उद्धरण अपनी किताबों, शिक्षकों, या सत्यापित वेबसाइटों से क्रॉस-चेक करें।

नियम #4: AI पूर्वाग्रह को पहचानें

AI इंटरनेट से मानव डेटा पर प्रशिक्षित होता है। इसका मतलब है:

- यह रूढ़ियों को प्रतिबिंबित कर सकता है
- यह एक भाषा, लिंग, या संस्कृति को पसंद कर सकता है
- यह विविध दृष्टिकोणों को नहीं समझ सकता है

पूछें:

- "क्या यह समावेशी है?"
- "क्या यह पूर्वाग्रह दिखा रहा है?"
- "यहां कौन सी आवाज या दृष्टिकोण गायब है?" उदाहरण: यदि आप "एक वैज्ञानिक" के लिए पूछते हैं, और छवि हमेशा एक आदमी की होती है — तो यह पूर्वाग्रह है।

आपका काम: अपनी जागरूकता जोड़ें। AI परिणामों को अधिक निष्पक्ष और अधिक मानवीय बनाएं।

नियम #5: डीपफेक और गलत सूचना से अवगत रहें

AI बना सकता है:

- नकली वीडियो
- संपादित आवाज़ें
- AI-जनित समाचार
- झूठी सोशल मीडिया पोस्ट इन्हें डीपफेक या सिंथेटिक मीडिया कहा जाता है। वे वास्तविक लगते हैं, लेकिन वे नकली हैं। सत्य की जाँच के लिए उपकरणों का उपयोग करें जैसे:
- गूगल रिवर्स इमेज सर्च
- इनविड ब्राउज़र एक्सटेंशन
- विश्वसनीय समाचार साइटें

बिना जाँच किए कभी भी चौंकाने वाले वीडियो को फॉरवर्ड न करें। आप झूठ फैला सकते हैं।

नियम #6: AI के साथ भी दयालु रहें

कुछ लोग AI का उपयोग करते हैं:

- नकली छवियों के साथ दूसरों को धमकाने के लिए
- अशिष्ट AI-जनित टिप्पणियां पोस्ट करने के लिए
- बॉट का उपयोग करके गुमनाम धमकियां भेजने के लिए वह व्यक्ति न बनें।

AI का उपयोग करें:

मीम्स बनाने के लिए, उपहास करने के लिए नहीं
प्रेरित करने के लिए, अपमान करने के लिए नहीं

समस्याओं को हल करने के लिए, घृणा फैलाने के लिए नहीं डिजिटल दयालुता = वास्तविक दुनिया की ताकत।

इसे आज़माएं: ज़िम्मेदार AI चेकलिस्ट

किसी भी AI टूल का उपयोग करने से पहले ख़ुद से पूछें:

- क्या मैं सुरक्षित हूँ? (कोई निजी डेटा साझा नहीं?)
- क्या मैं ईमानदार हूँ? (कोई धोखा या झूठ नहीं?)
- क्या मैं दयालु हूँ? (कोई धमकाना या नुकसान नहीं?)
- क्या मैं विचारशील हूँ? (आँख बंद करके भरोसा नहीं कर रहा?)
- क्या मैं संतुलित हूँ? (तकनीक का अत्यधिक उपयोग नहीं कर रहा?) यदि उत्तर सभी में "हाँ" है → आगे बढ़ो।

आइए चिंतन करें

- क्या आपने कभी AI का इस तरह से उपयोग किया है जिससे आपको असहज महसूस हुआ हो?
- क्या आपको लगता है कि आपके स्कूल को ज़िम्मेदार AI उपयोग के बारे में अधिक जागरूकता की आवश्यकता है?
- आपके लिए "डिजिटल अखंडता" का क्या मतलब है?

स्कूलों में: नैतिकता + AI शिक्षा

अधिक स्कूल अब हैं:

- कंप्यूटर विज्ञान में AI नैतिकता को शामिल करना
- गोपनीयता और डिजिटल फुटप्रिंट पर चर्चा करना
- चैटबॉट उपयोग के लिए स्कूल नियम बनाना

• AI-लिखित होमवर्क का पता लगाने के लिए साहित्यिक चोरी उपकरणों का उपयोग करना आप उस बदलाव का हिस्सा बन सकते हैं — एक उदाहरण बनकर।

वास्तविक जीवन संतुलन: AI मदद के साथ डिजिटल डिटॉक्स

AI उपकरणों का उपयोग करें जैसे:

• **वनसेक** – विचलित करने वाले एप खोलने में देरी करता है
• **फोकस बियर** – किशोरों को आदतें बनाने + फोन की लत तोड़ने में मदद करता है
• **डेलीयो** – मूड बनाम स्क्रीन टाइम को ट्रैक करता है
• **गूगल वेलबीइंग** – ऐप के उपयोग का प्रबंधन करता है आपको तकनीक से भागना नहीं है। बस इसे जागरूकता के साथ उपयोग करें।

अध्याय सारांश

• AI शक्तिशाली है — लेकिन इसका ज़िम्मेदारी से उपयोग किया जाना चाहिए।
• अपनी गोपनीयता की रक्षा करें और अत्यधिक साझा न करें।
• धोखा देने या सीखने को बदलने के लिए कभी भी AI का उपयोग न करें।
• पूर्वाग्रह, ग़लत सूचना और डीपफेक से सावधान रहें।
• नुकसान नहीं, बल्कि मूल्य बनाने के लिए AI का उपयोग करें।
• दयालुता और जागरूकता आपकी डिजिटल यात्रा का मार्गदर्शन करें।

अध्याय 10

आपका AI-संचालित भविष्य

बुद्धि के युग में करियर, कौशल और जीवन

"भविष्य जितना आप सोचते हैं उससे कहीं क़रीब है"

कल्पना कीजिए कि आप 2035 में जाग रहे हैं। आपकी स्मार्टवॉच आपके स्वास्थ्य की जांच करती है। आपका व्यक्तिगत AI सहायक आपको विश्व समाचार और आपके कॉलेज के असाइनमेंट पर अपडेट करता है। आपका करियर कोच बॉट आपको साक्षात्कार प्रश्नों का अभ्यास करने में मदद करता है। और आपकी प्लेलिस्ट — आपने अनुमान लगाया — AI द्वारा बनाई गई है। अब रिवाइंड करें। वह भविष्य? यह आज ही आकार ले रहा है। आपके AI-संचालित भविष्य में आपका स्वागत है — जहां तकनीक, रचनात्मकता, सीखना और उद्देश्य टकराते हैं। आइए जानें कि इसका आपके लिए क्या मतलब है।

AI दुनिया को बदल रहा है — तेज़ी से

यहां बताया गया है कि AI हर चीज़ को कैसे नया आकार दे रहा है:

क्षेत्र	**AI का प्रभाव**
नौकरियां	दोहराव वाले कार्यों को स्वचालित करना, नए तकनीकी + रचनात्मक करियर बनाना
शिक्षा	व्यक्तिगत शिक्षा, AI ट्यूटर, स्मार्ट प्रतिक्रिया
स्वास्थ्य सेवा	रोग की भविष्यवाणी, रोबोटिक्स, मानसिक स्वास्थ्य बॉट
कृषि	स्मार्ट सिंचाई, उपज की भविष्यवाणी, फसल स्वास्थ्य अलर्ट
पर्यावरण	जलवायु परिवर्तन की निगरानी, कचरा प्रबंधन, स्वच्छ ऊर्जा समाधान
मनोरंजन	AI-जनित संगीत, वीडियो संपादन, खेल डिजाइन
व्यवसाय	स्मार्ट मार्केटिंग, वर्चुअल असिस्टेंट, धोखाधड़ी का पता लगाना

AI "कब्ज़ा नहीं कर रहा है" — यह हमारे जीने और काम करने के तरीके को बदल रहा है। आपकी पीढ़ी AI के साथ प्रतिस्पर्धा नहीं करेगी, बल्कि उसके साथ सहयोग करेगी।

किशोरों के लिए इसका क्या मतलब है

आपको डेटा वैज्ञानिक बनने की आवश्यकता नहीं है (जब तक आप नहीं चाहते!)। लेकिन हर किशोर को यह जानना चाहिए कि कैसे:

- AI उपकरणों का आत्मविश्वास से उपयोग करें
- AI आउटपुट के बारे में गंभीर रूप से सोचें

• तकनीक के साथ संवाद करें, बनाएं और सहयोग करें
• नैतिक, ज़िम्मेदार और विचारशील रहें
• जीवन भर नए कौशल सीखते रहें AI उन लोगों को पुरस्कृत करेगा जो जिज्ञासु, अनुकूलनीय और डिजिटल रूप से धारा प्रवाह काम कर सकते हैं।

अब बनाने के लिए भविष्य-तैयार कौशल

आइए कुछ भविष्य-प्रूफ कौशल तोड़ें — किसी भी क्षेत्र में उपयोगी:

कौशल	AI दुनिया में यह क्यों मायने रखता है
महत्वपूर्ण सोच	AI परिणामों पर सवाल उठाने और स्मार्ट निर्णय लेने के लिए
रचनात्मकता	AI क्या नहीं कर सकता है: कल्पना करना, नया करना, प्रेरित करना
डिजिटल साक्षरता	AI उपकरणों का सुरक्षित और कुशलता से उपयोग करने के लिए
भावनात्मक बुद्धिमत्ता	नेतृत्व करने, सहयोग करने और सहानुभूति रखने के लिए
समस्या समाधान	AI को समाधान में बदलने के लिए, सिर्फ उत्तरों में नहीं
संचार	अपने विचारों को मनुष्यों + मशीनों के साथ साझा करने के लिए
कोडिंग बेसिक्स	वैकल्पिक — लेकिन आपको महाशक्तियां देता है!

आपको सब कुछ मास्टर करने की आवश्यकता नहीं है। जो आपको उत्साहित करता है उससे शुरू करें।

आज AI कौशल सीखना शुरू करने के आसान तरीके

आप कर सकते हैं:

- विषयों का पता लगाने या साक्षात्कार का अभ्यास करने के लिए चैटजीपीटी का उपयोग करें
- कैनवा, सूमो, मिडजर्नी के साथ बनाएं
- Reclaim.ai या मोशन के साथ योजना बनाएं
- एमआईटी एप इन्वेंटर के साथ एप बनाएं
- गूगल फॉर टीन्स, खान अकादमी, या AI4Youth पर AI पाठ्यक्रम आज़माएं
- कोडिंग क्लब या डिजिटल कला प्रतियोगिताओं में शामिल हों
- अपने समुदाय में AI का उपयोग करने वाले पेशेवरों का साक्षात्कार करें

वास्तविक सीखना तब शुरू होता है जब आप अपने सीखे हुए ज्ञान के साथ बनाना शुरू करते हैं।

AI में किस तरह के करियर शामिल होंगे?

बहुत सारे! यहां कई क्षेत्रों से उदाहरण दिए गए हैं:

करियर क्षेत्र	AI-सक्षम भूमिकाएं
चिकित्सा	AI इमेजिंग विश्लेषक, बायोइनफॉरमैटिक्स विशेषज्ञ
कला और डिजाइन	AI इलस्ट्रेटर, इंटरैक्टिव अनुभव डिजाइनर
शिक्षा	एडटेक इनोवेटर, AI पाठ्यक्रम डेवलपर
वित्त	डेटा विश्लेषक, धोखाधड़ी का पता लगाने वाला विशेषज्ञ
कृषि	प्रेसिजन फार्मिंग सलाहकार
मीडिया	सामग्री रणनीतिकार, AI वीडियो संपादक

कानून	कानूनी तकनीक सलाहकार
मार्केटिंग	विज्ञापन लक्ष्यीकरण रणनीतिकार, चैटबॉट कॉपीराइटर
सामाजिक कार्य	AI-फॉर-गुड प्रोजेक्ट मैनेजर

यहां तक कि पारंपरिक करियर के लिए भी डिजिटल समझ की आवश्यकता होगी।

वे नौकरियां जो फीकी पड़ सकती हैं (लेकिन विकसित होंगी)

AI प्रतिस्थापित कर सकता है:

- मूल डेटा प्रविष्टि
- दोहराव वाले कारखाने के काम
- सरल ग्राहक सेवा भूमिकाएं
- मैनुअल बहीखाता
- अनुवाद (लेकिन सांस्कृतिक व्याख्या नहीं) लेकिन याद रखें: नई नौकरियां बढ़ेंगी। आपका काम लचीला, रचनात्मक और सीखने के लिए तैयार रहना है।

"AI+मी" फॉर्मूला के साथ अपने भविष्य की योजना बनाएं

चरण 1: खोजें कि आपको क्या पसंद है
चरण 2: जानें कि AI इसे कैसे समर्थन दे सकता है
चरण 3: बुनियादी डिजिटल और संचार कौशल बनाएं
चरण 4: इंटर्नशिप, क्लब, सलाहकारों का पता लगाएं
चरण 5: जिज्ञासु रहें — अपने ज्ञान को अपडेट करते रहें

उदाहरण: जानवरों से प्यार है? एक पशुचिकित्सक बनें जो पालतू जानवरों में बीमारी का पता लगाने के लिए AI का उपयोग करता है। फैशन से प्यार है? जलवायु डेटा के आधार पर कपड़े डिजाइन करने के लिए AI का उपयोग करें!

भविष्य आप: आप क्या हो सकते हैं?

यदि आपको पसंद है...	इसे आज़माएं
लेखन	AI-सहायता प्राप्त लेखक, ब्लॉग कोच, UX लेखक
संगीत	ध्वनि डिजाइनर, AI डीजे
विज्ञान	AI सिमुलेशन का उपयोग करके शोधकर्ता
पर्यावरण	AI सेंसर का उपयोग करके जलवायु विश्लेषक
मनोविज्ञान	वेलनेस बॉट बनाएं
गेमिंग	AI गेम लॉजिक डिजाइनर
शिक्षण	स्मार्ट फीडबैक टूल के साथ एडटेक डेवलपर

एकमात्र सीमा आपकी रचनात्मकता + मूल्य + जिज्ञासा है।

इसे आज़माएं: "फ्यूचर मी" गतिविधि

इन प्रॉम्प्ट के उत्तर दें:

- मुझे क्या करना पसंद है?
- AI इसे कैसे बेहतर या आसान बना सकता है?
- इस साल मैं कौन सा कौशल सीखना चाहता हूँ?
- मेरे समुदाय में कौन AI का उपयोग अपने काम में करता है? फिर:

• उस क्षेत्र में किसी से बात करें
• इसके बारे में एक यूट्यूब वीडियो देखें
• AI टूल का उपयोग करके एक मिनी-प्रोजेक्ट आज़माएं छोटे से शुरू करें। उत्साहित रहें। बढ़ते रहें।

आइए चिंतन करें

• AI दुनिया में आपकी सपनों की नौकरी कैसी दिखती है?
• आप AI को एक उपकरण के रूप में कैसे उपयोग कर सकते हैं, धमकी के रूप में नहीं?
• भविष्य के बारे में आपको सबसे ज़्यादा क्या उत्साहित करता है?

अध्याय सारांश

• AI हमारे काम करने, जीने और बढ़ने के तरीके को बदल रहा है — लेकिन मानव अभी भी केंद्र में हैं।
• जिज्ञासु, नैतिक, रचनात्मक और अनुकूलनीय किशोर सफल होंगे।
• भविष्य-तैयार कौशल बनाएं: महत्वपूर्ण सोच, रचनात्मकता, संचार और डिजिटल साक्षरता।
• सभी क्षेत्रों में करियर का पता लगाएं — AI हर जगह है।
• आपका भविष्य AI से लड़ने के बारे में नहीं है। यह इसके साथ बढ़ने के बारे में है।

अध्याय 11

एक प्रो की तरह प्रॉम्प्ट करना सीखें

स्मार्टर परिणामों के लिए AI से बात करने की कला में महारत हासिल करें

"आप पूछते हैं। AI जवाब देता है। लेकिन तभी जब आप सही ढंग से पूछें।"

क्या आपने कभी ChatGPT या किसी अन्य AI टूल में कुछ टाइप किया है और एक अजीब, उबाऊ, या पूरी तरह से बेकार प्रतिक्रिया मिली है? यह इसलिए नहीं है क्योंकि AI खराब है। यह इसलिए है क्योंकि प्रॉम्प्ट स्पष्ट नहीं था। AI की दुनिया में, आपका प्रश्न सब कुछ है। आपका प्रॉम्प्ट जितना बेहतर होगा, परिणाम उतना ही बेहतर होगा। यह अध्याय AI से बात करना सीखने के बारे में है — एक प्रो की तरह। यह आपके पसंदीदा डिजिटल सहायक की भाषा सीखने जैसा है।

प्रॉम्प्ट, वास्तव में क्या है?

एक प्रॉम्प्ट है:

- एक प्रश्न
- एक कमांड
- एक अनुरोध
- या यहां तक कि एक रोलप्ले सेटअप यह वह है जो आप एक विशिष्ट परिणाम प्राप्त करने के लिए AI को टाइप या कहते हैं। यदि AI एक शक्तिशाली सर्चलाइट है, तो आपका प्रॉम्प्ट वह स्विच है जो इसे चालू करता है और इसे सही ढंग से लक्षित करता है।

एक बढ़िया प्रॉम्प्ट की संरचना

यहां बताया गया है कि एक अच्छे प्रॉम्प्ट में आमतौर पर क्या शामिल होता है:

तत्व	यह क्या करता है	उदाहरण
निर्देश	AI को बताता है कि क्या करना है	"इस पाठ का सारांश करें..."
संदर्भ	पृष्ठभूमि की जानकारी देता है	"मैं कक्षा 10 का छात्र हूं..."
स्वर/प्रारूप	शैली या संरचना निर्धारित करता है	"इसे एक मजेदार कविता की तरह लिखें।"
सीमाएं	सीमाएं या नियम जोड़ता है	"इसे 100 शब्दों के तहत रखें।"
व्यक्तित्व/भूमिका	AI को किसी की तरह कार्य करने के लिए कहता है	"मेरे इतिहास शिक्षक की तरह कार्य करें..."

बस एक दोस्त को दिशा-निर्देश देने जैसा — स्पष्ट, विशिष्ट और विनम्र रहें।

प्रॉम्प्ट उदाहरण: पहले बनाम बाद में

कमजोर प्रॉम्प्ट: "जलवायु परिवर्तन समझाओ।"
मजबूत प्रॉम्प्ट: "एक 14 वर्षीय छात्र को सरल भाषा में जलवायु परिवर्तन समझाएं, एक क्रिकेट मैच सादृश्य का उपयोग करते हुए। इसे 150 शब्दों के तहत रखें।"
परिणाम: कहीं बेहतर, स्पष्ट, अधिक मज़ेदार!

कमजोर प्रॉम्प्ट: "एक शेड्यूल बनाओ।"

मजबूत प्रॉम्प्ट: "कक्षा 12 के छात्र के लिए 6 विषयों, 4 घंटे दैनिक, जिसमें रिवीज़न और ब्रेक शामिल हैं, के लिए एक साप्ताहिक अध्ययन अनुसूची बनाएं। इसे तालिका प्रारूप में बनाएं।"

अब AI को ठीक से पता है कि क्या करना है।

किशोरों के लिए प्रॉम्प्ट टेम्प्लेट

अध्ययन
"परीक्षा रिवीज़न के लिए इस [विषय पेस्ट करें] का बुलेट पॉइंट्स में सारांश करें।" "उत्तरों के साथ [विषय] पर 5-प्रश्नों का क्विज़ बनाएं।" "मुझे 10 साल का मानकर [विषय] समझाएं।"

लेखन
"इस पैराग्राफ को अधिक आत्मविश्वास और औपचारिक ध्वनि के लिए फिर से लिखें।" "इसे स्कूल असेंबली के लिए एक भाषण में बदलें।" "एक ऐसे छात्र के बारे में एक ट्विस्ट वाली कहानी लिखें जिसे एक गुप्त AI एप मिलता है।"

रचनात्मकता
"एक स्टैंड-अप कॉमेडियन की शैली में परीक्षा तनाव के बारे में एक रैप

लिखें।" "किताबों और अध्ययन युक्तियों के बारे में एक इंस्टाग्राम खाते के लिए 10 सामग्री विचार दें।" "एक ऐसे सपनों के कमरे का वर्णन करें जो तकनीक और परंपरा को जोड़ता है। मैं इसे बनाना चाहता हूं।"

संचार
"मेरे शिक्षक को विस्तार के लिए एक सम्मानजनक संदेश लिखें।" "एक तर्क के बाद एक दोस्त को माफी का पाठ ड्राफ्ट करें, सहानुभूति के साथ।" "स्कूल पत्र मांगने वाले ईमेल के लिए मुझे 3 विषय पंक्तियां दें।"

प्रॉम्प्ट चुनौतियां: आइए अभ्यास करें!

इन मूल प्रॉम्प्ट में सुधार करने का प्रयास करें:

1. खराब प्रॉम्प्ट: "AI के बारे में बताओ।"
बेहतर प्रॉम्प्ट: "कृत्रिम बुद्धिमत्ता की एक किशोर-अनुकूल परिभाषा दें, रोज़मर्रा के जीवन के एक उदाहरण के साथ।"

2. ख़राब प्रॉम्प्ट: "एक कविता लिखो।"
बेहतर प्रॉम्प्ट: "छात्रों को सोमवार की सुबह से नफ़रत क्यों होती है, इस पर एक 4-पंक्ति की मज़ेदार कविता लिखें।"

3. खराब प्रॉम्प्ट: "एक प्रोजेक्ट बनाओ।"
बेहतर प्रॉम्प्ट: "कक्षा 11 जीव विज्ञान परियोजना 'मानव परिसंचरण तंत्र' पर 3 खंडों, एक दृश्य, और एक मज़ेदार तथ्य के साथ एक रूपरेखा बनाएं।"

प्रॉम्प्ट स्टैकिंग – गहराई में जाना

कभी-कभी, आपको पहली बार में सही जवाब नहीं मिलेगा। कोई चिंता नहीं। **प्रॉम्प्ट स्टैकिंग का उपयोग करें:**

चरण 1: AI से कुछ बुनियादी प्रश्न पूछें, "पाचन तंत्र समझाएं।"
चरण 2: गहराई में जाएं , "अब इमोजी के साथ एक कॉमिक-शैली

स्पष्टीकरण जोड़ें।"
"इसे विज्ञान मेले के लिए एक मिनट के भाषण में सारांश करें।"
"उत्तरों के साथ 3 एमसीक्यू जोड़ें।" आप जितना अधिक इस पर निर्माण करेंगे, आपका परिणाम उतना ही बेहतर होगा।

भूमिकाएं जिन्हें आप AI को निभाने के लिए कह सकते हैं

प्रयास करें:

- "एक करियर काउंसलर की तरह कार्य करें।"
- "एक TED स्पीकर होने का नाटक करें।"
- "मेरे समय प्रबंधन कोच बनें।"
- "मेरे बहस विरोधी की भूमिका निभाएं।"
- "ईमानदार सलाह देने वाले दोस्त की तरह कार्य करें।" यह आपके अपने शिक्षक, मार्गदर्शक, या मित्र को चुनने जैसा है — मांग पर।

आइए चिंतन करें

- क्या आप सिर्फ "टाइप करते हैं और उम्मीद करते हैं" — या आप AI को मार्गदर्शन करते हैं?
- अब तक आपका सबसे अच्छा प्रॉम्प्ट क्या था? इसने क्यों काम किया?
- आपको बेहतर प्रॉम्प्ट करने में क्या मदद करेगा — अधिक धैर्य या अधिक संरचना?

प्रॉम्प्ट सुरक्षा नियम

प्रॉम्प्ट करते समय भी, हमेशा:

- निजी विवरण साझा करने से बचें
- हानिकारक या अनुचित प्रश्न न पूछें

• यदि स्कूल के काम के लिए AI का उपयोग कर रहे हैं तो तथ्यों की जांच करें
• अपने ख़ुद के संपादन जोड़ें — कच्चा AI काम जमा न करें आप निर्माता हैं। AI आपका सह-लेखक है।

वास्तविक जीवन अनुप्रयोग: प्रॉम्प्टिंग = शक्ति क्यों

• स्कूल परियोजनाएं = तेज़ और बेहतर
• सोशल मीडिया = आकर्षक और चालाक
• दैनिक कार्य = व्यवस्थित और सुचारू
• करियर की तैयारी = साक्षात्कार + सीवी मदद
• व्यक्तिगत विकास = जर्नलिंग, प्रतिज्ञान, योजना प्रॉम्प्ट करना सीखना = तकनीकी रूप से धाराप्रवाह और भविष्य के लिए तैयार होना।

प्रॉम्प्ट पैक: इन्हें सहेजें!

कार्य	प्रॉम्प्ट
निबंध सहायता	"पानी की कमी पर मेरे निबंध में सुधार करें। इसे और प्रभावशाली बनाएं, 300 शब्दों के तहत।"
सामग्री विचार	"एक किशोर निर्माता के लिए स्मार्ट अध्ययन के बारे में 10 वीडियो विचार दें।"
कल्याण	"परीक्षा तनाव वाले छात्र के लिए 7-दिवसीय डिजिटल डिटॉक्स योजना बनाएं।"
संशोधन	"एक भारतीय कक्षा के उदाहरण का उपयोग करके लोकतंत्र समझाएं।"
करियर	"विज्ञान और रचनात्मकता को संयोजित करने वाले 5 AI-आधारित करियर की सूची दें।"

अध्याय सारांश

- एक प्रॉम्प्ट वह तरीका है जिससे आप AI से "बात" करते हैं — यह स्पष्ट, विशिष्ट और अच्छी तरह से संरचित होना चाहिए।
- प्रॉम्प्ट तत्वों का उपयोग करें: निर्देश, टोन, संदर्भ, सीमाएं और भूमिका।
- अस्पष्ट प्रॉम्प्ट को बेहतर में बदलने का अभ्यास करें।
- विभिन्न प्रॉम्प्ट शैलियों का अन्वेषण करें — क्विज़, कहानियां, कैप्शन, बातचीत।
- महान प्रॉम्प्टिंग = स्मार्टर आउटपुट = समय की बचत + गुणवत्ता में वृद्धि।

अध्याय 12

AI के साथ स्मार्ट पेरेंटिंग

किशोर अपने परिवारों को तकनीक का समझदारी से उपयोग करने में कैसे मदद कर सकते हैं

"बेटा, ये ChatGPT क्या होता है?"

यदि आपने कभी:

- अपनी माँ को व्हाट्सएप स्टोरेज का पता लगाने में मदद की है,
- अपने दादा-दादी के लिए एलेक्सा सेट की है,
- अपने पिताजी को यूट्यूब गोपनीयता सेटिंग्स समझाई हैं, — तो आपने पहले ही एक किशोर टेक गाइड के रूप में अपना पहला कदम उठा लिया है। इस अध्याय में, आप जानेंगे कि आप अपने परिवार को AI उपकरणों का उपयोग करने में कैसे मदद कर सकते हैं:

- दैनिक जीवन के लिए
- सुरक्षा के लिए
- स्वास्थ्य के लिए

• ख़रीदारी के लिए

• और तकनीक में विश्वास बनाने के लिए AI सिर्फ स्कूल और सोशल मीडिया के लिए नहीं है। यह पारिवारिक जीवन को भी स्मार्टर बना सकता है — और आप इसमें नेतृत्व कर सकते हैं।

यह क्यों मायने रखता है

अधिकांश माता-पिता AI के साथ बड़े नहीं हुए। वे भ्रमित, डरे हुए, या यहां तक कि इस पर अविश्वास भी महसूस कर सकते हैं। आपकी भूमिका है:

• डिजिटल अंतर को पाटना

• सरल तरीकों से तकनीक का परिचय देना

• अपने परिवार को तकनीक के दुरुपयोग से बचाना

• सभी को सशक्त बनाना — बिना न्याय किए आपको बॉस की तरह "सिखाने" की आवश्यकता नहीं है। बस धैर्य, दयालुता और छोटे क़दमों के साथ मार्गदर्शन करें।

घर पर AI: उपयोग के मामले जो जीवन को आसान बनाते हैं

1. वॉयस असिस्टेंट

कार्य	उपकरण	उपयोग
"एलेक्सा, हनुमान चालीसा बजाओ"	एलेक्सा / गूगल असिस्टेंट	संगीत, प्रार्थनाओं के लिए वॉयस कमांड
"मुझे सुबह 9 बजे बीपी की दवा लेने की याद दिलाओ"	सिरी / गूगल असिस्टेंट	दवा अलर्ट
"वाराणसी में मौसम कैसा है?"	जेमिनी / एलेक्सा	स्थानीय भाषा में मौसम अपडेट

परिवार के सदस्यों को AI से टाइप करने के बजाय बोलने में मदद करें।

2. खरीदारी और घरेलू प्रबंधन

कार्य	उपकरण	उपयोग
साप्ताहिक किराने का प्लानर	चैटजीपीटी	पूछें: "एक शॉपिंग सूची के साथ 7-दिवसीय शाकाहारी भोजन योजना बनाएं।"
बजट ट्रैकिंग	एक्सेल में कोपायलट	मासिक बिलों की स्मार्ट गणना
ऑनलाइन तुलनाएं	परप्लेक्सीटी / जेमिनी	"₹25,000 के तहत समीक्षाओं के साथ रेफ्रिजरेटर की तुलना करें।"

खर्चों को ट्रैक करने के लिए अपने परिवार के साथ एक साझा गूगल शीट बनाएं।

3. रेसिपी और किचन टाइम

कार्य	उपकरण	उपयोग
AI भोजन प्लानर	हेल्थिफाईमी, चैटजीपीटी	फ्रिज में रखी वस्तुओं के आधार पर स्वस्थ विचार प्राप्त करें
कम अपशिष्ट वाली कुकिंग	व्हिस्क	बचे हुए भोजन का उपयोग करके रेसिपी के विचार
ऑडियो निर्देश	यूट्यूब + एलेक्सा	खाना बनाते समय स्टेप-बाय-स्टेप रेसिपी सुनें

अपने माता-पिता को विशिष्ट सामग्री का उपयोग करके रेसिपी खोजना सिखाएं।

4. सीखना और भाषा

कार्य	उपकरण	उपयोग
अंग्रेजी से हिंदी में अनुवाद करें	गूगल ट्रांसलेट	माता-पिता को फॉर्म, मेनू, दवा लेबल पढ़ने में मदद करें
वॉयस टाइपिंग	जीबोर्ड	बड़ों को टाइप करने के बजाय बोलने के लिए सिखाएं
तकनीकी समाचार समझाएं	चैटजीपीटी	पूछें: "यूपीआई भुगतान प्रणाली को सरल हिंदी में समझाएं।"

AI को अपने माता-पिता को अपनी क्षेत्रीय भाषा में मुश्किल विषयों को समझाने के लिए कहें।

5. सुरक्षा और जागरूकता

कार्य	उपकरण	उपयोग
स्कैमी साइटों को ब्लॉक करें	सुरक्षित ब्राउज़िंग टूल	ब्राउज़र में सुरक्षा फिल्टर सक्षम करें
डीपफेक को पहचानें	इनविड प्लगइन	दिखाएं कि AI के माध्यम से नकली खबरें कैसे फैलती हैं
गोपनीयता सुरक्षा	डिवाइस सेटिंग्स	ऐप अनुमतियां + मजबूत पासवर्ड सेट करने में मदद करें

बुजुर्गों को ऑनलाइन कुछ भी साझा करने से पहले "क्या यह वास्तविक है?" पूछने के लिए सशक्त करें।

माता-पिता के साथ बातचीत शुरू करने वाले

• "क्या आप जानते हैं कि हम अपनी किराने के बजट की योजना बनाने के लिए AI का उपयोग कर सकते हैं?"
• "क्या आप मुझे अपने फोन पर वॉयस कमांड का उपयोग करना सिखाना चाहेंगे?"
• "आइए आपकी डॉक्टर की यात्रा के लिए एक रिमाइंडर बनाएं।"
• "क्या मैं आपको जेमिनी या यूट्यूब शॉर्ट्स में हिंदी में समाचार जांचना दिखा सकता हूँ?"
• "आपको 'तकनीक-प्रेमी' होने की आवश्यकता नहीं है। बस जिज्ञासु होना ही काफी है।"

पारिवारिक परियोजनाएं जिन्हें आप AI के साथ कर सकते हैं

परियोजना	उपकरण	लक्ष्य
पारिवारिक रेसिपी बुक	चैटजीपीटी + कैनवा	AI को पारिवारिक व्यंजनों को एक प्रिंट करने योग्य पुस्तिका में व्यवस्थित करने के लिए कहें
मासिक स्वास्थ्य प्लानर	गूगल शीट्स + नोशन	कदम, पानी का सेवन, नियुक्तियों को ट्रैक करें
यात्रा कार्यक्रम	चैटजीपीटी + गूगल मैप्स	पूछें: "जयपुर की 2-दिवसीय पारिवारिक यात्रा की योजना बनाएं, बजट युक्तियों के साथ।"
फोटो एल्बम कैप्शन	कैनवा एआई	एल्बम के लिए कैप्शन बनाएं, उद्धरण प्रिंट करें

दैनिक प्रतिज्ञान दीवार	चैटजीपीटी + प्रिंट	AI को हिंदी/अंग्रेजी में 30 सकारात्मक उद्धरण उत्पन्न करने के लिए कहें

AI का उपयोग पीढ़ियों को जोड़ने के लिए किया जा सकता है, उन्हें बदलने के लिए नहीं।

इसे आज़माएं: "पेरेंट बड़ी" चुनौती

अपने घर में किसी भी वयस्क — माँ, पिताजी, नानी, चाचा — को चुनें और यह करें:

1. पूछें: "एक दैनिक कार्य क्या है जो आपके लिए मुश्किल लगता है?"
2. एक AI उपकरण सुझाएं जो मदद कर सकता है
3. इसे एक साथ सेट करें
4. उन्हें 3 दिनों के लिए इसे आज़माने दें
5. पूछें: "कैसा महसूस हुआ?"

आप अनजाने में ही एक होम टेक कोच बन गए।

माता-पिता के सामान्य डर AI के बारे में

डर	आपकी प्रतिक्रिया
"AI नौकरियां ले लेगा!"	"यह नौकरियों को बदल सकता है — लेकिन नए कौशल और भूमिकाएं भी दिखाई देंगी।"
"यह असुरक्षित या जोड़ तोड़ है।"	"हां, अगर दुरुपयोग किया जाता है। लेकिन हम सीमाएं और गोपनीयता सेटिंग्स निर्धारित कर सकते हैं।"
"यह मेरे लिए बहुत जटिल है।"	"चलिए एक छोटी सी चीज आजमाते हैं — जैसे वॉयस सर्च का उपयोग करना।"

"अगर मुझसे कोई गलती हो गई तो?"	"यहां कोई परीक्षा नहीं है — सिर्फ प्रयास और मजेदार।"

आइए चिंतन करें

- आपके घर में AI से सबसे ज़्यादा किसे फायदा हो सकता है?
- आप धीरे-धीरे और सम्मानपूर्वक उपकरणों को कैसे पेश कर सकते हैं?
- परिवार AI के साथ कैसे एक साथ बढ़ सकते हैं?

वास्तविक जीवन की कहानी: आयुष (आयु 16, लखनऊ)

आयुष ने अपनी दादी को गूगल असिस्टेंट का उपयोग करके रामायण पॉडकास्ट सुनने का तरीका सिखाया। अब, वह अपने फोन को भजन और चुटकुले बजाने के लिए कहती है — और उसे अपने होमवर्क के समय की भी याद दिलाती है। "इसने हमें करीब लाया। अब वह सोचती है कि मैं एक जीनियस हूँ!" – आयुष

अध्याय सारांश

- आप अपने परिवार को स्वास्थ्य, किराने का सामान, सीखने और यादों के लिए AI का उपयोग करने में मदद कर सकते हैं।
- वॉयस टूल, भाषा अनुवाद और रोज़मर्रा की योजना पर ध्यान केंद्रित करें।
- धैर्यवान, सम्मानजनक रहें और छोटी तकनीकी जीत का एक साथ जश्न मनाएं।
- घर के जीवन को आसान बनाने के लिए AI का उपयोग करें, कठिन नहीं।
- स्मार्ट पेरेंटिंग स्मार्ट किशोर की मदद से शुरू होती है।

अध्याय 13

भारतीय कक्षाओं में AI

एनईपी 2020 से AI4Youth तक: कैसे स्कूल विकसित हो रहे हैं

"ब्लैकबोर्ड से स्मार्ट बोर्ड तक — और अब AI!"

कल्पना कीजिए: आपकी कक्षा एक स्मार्ट बोर्ड से शुरू होती है जो आपकी गति के अनुकूल होता है। आपके शिक्षक आपके प्रदर्शन के आधार पर क्विज़ तैयार करने के लिए AI का उपयोग करते हैं। आपके होमवर्क की एक एप द्वारा समीक्षा की जाती है जो तत्काल प्रतिक्रिया देता है। आपकी कक्षा में एक वॉयस असिस्टेंट है जो आपके प्रश्नों का उत्तर देने में मदद करता है। यह भविष्य नहीं है। यह पहले से ही कुछ स्कूलों में हो रहा है — और जल्द ही, यह आपका भी हो सकता है। इस अध्याय में, आप जानेंगे कि भारत की शिक्षा प्रणाली AI को कैसे अपना रही है — और आप इसका एक हिस्सा कैसे हैं।

एनईपी 2020: यह टेक और AI के बारे में क्या कहता है

भारत की राष्ट्रीय शिक्षा नीति 2020 (एनईपी 2020) प्रोत्साहित करती है:

- सीखने के लिए डिजिटल उपकरण
- स्कूल विषयों में AI एकीकरण
- तकनीक-आधारित मूल्यांकन
- व्यक्तिगत शिक्षा
- 21वीं सदी के करियर के लिए कौशल-निर्माण "छात्रों को केवल प्रौद्योगिकी का उपयोग नहीं करना चाहिए — उन्हें इसे समझने, बनाने और सावधानी से उपयोग करना सीखना चाहिए।" AI एक "अतिरिक्त विषय" नहीं है — यह एक जीवन कौशल है।

"AI साक्षरता" क्या है?

AI साक्षरता का अर्थ है:

- AI क्या है यह जानना
- यह कैसे काम करता है यह समझना
- AI उपकरणों का स्मार्ट तरीके से उपयोग करना
- AI के बारे में गंभीर रूप से सोचना
- यह जानना कि इसे कहां और कैसे लागू करना है आपको एक कोडर या डेटा वैज्ञानिक होने की आवश्यकता नहीं है। आपको बस डिजिटल रूप से जागरूक, सुरक्षित और जिज्ञासु होने की आवश्यकता है।

स्कूलों में AI पहले से ही कैसे है

क्षेत्र	AI का उपयोग कैसे किया जाता है
शिक्षण	शिक्षक पाठ योजना बनाने, होमवर्क जांचने और व्यक्तिगत क्विज़ बनाने के लिए AI का उपयोग करते हैं
स्मार्ट बोर्ड	इंटरैक्टिव डिजिटल बोर्ड छात्रों की गति और सीखने के स्तर के अनुसार प्रतिक्रिया देते हैं
मूल्यांकन	AI ऐप निबंधों को ग्रेडिंग करने और साहित्यिक चोरी का पता लगाने में मदद करते हैं
सीखने के उपकरण	दीक्षा, बायजू, टॉपर जैसे प्लेटफॉर्म पाठों को अनुकूलित करने के लिए AI का उपयोग करते हैं
करियर मार्गदर्शन	उपकरण आपकी रुचियों और शक्तियों के आधार पर करियर विकल्प सुझाते हैं
भाषा सीखना	अनुवाद, उच्चारण और भाषण उपकरण क्षेत्रीय क्षेत्रों के छात्रों की मदद करते हैं

कार्यक्रम जिन्हें आपको जानना चाहिए

1. AI4Youth (सीबीएसई + इंटेल)

- कक्षा 8-12 के लिए लॉन्च किया गया
- हाथों पर AI प्रशिक्षण
- AI नैतिकता, रचनात्मकता और समस्या-समाधान पर केंद्रित
- टूलकिट, कार्यशालाएं और परियोजना मेंटरशिप प्रदान करता है
- सीबीएसई स्कूलों में राष्ट्रव्यापी उपलब्ध

2. एटीएल टिंकरिंग लैब (नीति आयोग)

• हज़ारों स्कूलों में स्थापित
• कोडिंग, AI और नवाचार पर ध्यान केंद्रित
• रोबोटिक्स, सेंसर, AI-आधारित खेल और परियोजनाएं
• लड़कियों और ग्रामीण छात्रों को तकनीकी मिशनों में शामिल होने के लिए प्रोत्साहित करता है

3. इंडियाएआई मिशन (एमईआईटीवाई)

• AI कौशल बनाने के लिए राष्ट्रीय पहल
• स्कूलों, कॉलेजों और युवा क्लबों के साथ साझेदारी
• छात्रों के लिए मुफ्त ऑनलाइन संसाधन

वास्तविक स्कूल उदाहरण

• **एमिटी इंटरनेशनल स्कूल, नोएडा:** पायथन और मशीन लर्निंग का उपयोग करके AI-संचालित विज्ञान परियोजनाएं।

• **केंद्रीय विद्यालय:** सीबीएसई AI4Youth में भाग लेते हुए, छात्रों ने स्कूल लाइब्रेरी सहायता के लिए चैटबॉट विकसित किए।

• **केरल के ग्रामीण स्कूल:** गणित के अभ्यास के लिए मलयालम में वॉयस-आधारित AI का उपयोग करना। तकनीक पैसे पर निर्भर नहीं करती। यह मानसिकता पर निर्भर करती है।

छात्र क्या बना रहे हैं

छात्र	परियोजना	उपयोग किया गया AI
अनामिका (कक्षा 10)	किशोरों के लिए मानसिक स्वास्थ्य बॉट	एनएलपी + चैटजीपीटी
रोहन (कक्षा 9)	बाढ़ भविष्यवाणी मॉडल	पायथन + डेटा विज़ुअलाइज़ेशन
सारा (कक्षा 11)	स्मार्ट टाइमटेबल प्लानर	नोशन + रिक्लेम
स्कूल क्लब टीम	प्लास्टिक कचरा क्लासिफायर ऐप	छवि पहचान

यदि वे कर सकते हैं, तो आप भी कर सकते हैं।

AI के साथ स्कूल परियोजना के विचार

यहां AI-संचालित विचार दिए गए हैं जिन्हें आप कक्षा में सुझा सकते हैं:

विषय	परियोजना विचार
अंग्रेजी	AI-जनित कविता बनाएं और टोन परिवर्तनों का विश्लेषण करें
विज्ञान	AI का उपयोग करके जलवायु परिवर्तन परिदृश्यों का अनुकरण करें
गणित	सहपाठियों को क्विज़ करने के लिए एक AI बॉट बनाएं
इतिहास	AI-आधारित वर्चुअल संग्रहालय टूर बनाएं
कला	मुगल वास्तुकला को फिर से बनाने के लिए मिडजर्नी का उपयोग करें
संस्कृत/हिंदी	गूगल ट्रांसलेट AI का उपयोग करके छंदों का अनुवाद करें, फिर मैन्युअल रूप से परिष्कृत करें

टिप: सुंदर स्कूल प्रस्तुतियाँ बनाने के लिए कैनवा + चैटजीपीटी + पिक्टरी का उपयोग करें।

भारतीय कक्षाओं के लिए उपकरण

उपकरण	उपयोग
चैटजीपीटी	नोट्स, प्रश्नोत्तरी, सारांश
गूगल जेमिनी	त्वरित अनुसंधान, रिमाइंडर
पिक्टरी	पाठों को वीडियो में बदलें
कैनवा AI	पोस्टर, चार्ट, प्रस्तुतियाँ
माइक्रोसॉफ्ट कोपायलट	स्लाइड निर्माण, स्वरूपण
AI डूडल टूल	सीखने के चित्र बनाएं
सूमो / उडियो	सीखने के लिए गाने, तथ्य उत्पन्न करें

आइए चिंतन करें

- क्या आपका स्कूल स्मार्ट बोर्ड या AI एप का उपयोग करता है?
- आपकी कक्षा AI उपकरणों से किस एक तरीके से लाभ उठा सकती है?
- क्या आप अपने स्कूल में एक AI क्लब चाहेंगे?

अपने स्कूल में एक AI क्लब शुरू करें

चरण 1: एक ऐसे शिक्षक से बात करें जिस पर आपको भरोसा हो
चरण 2: 5-10 इच्छुक छात्रों को इकट्ठा करें
चरण 3: एक मासिक विषय चुनें (कला में AI, सामाजिक प्रभाव में AI)

चरण 4: मुफ्त उपकरणों का उपयोग करें और परियोजनाओं का अन्वेषण करें

चरण 5: मिनी चुनौतियों या प्रदर्शनियों की मेज़बानी करें

मदद चाहिए? क्लब सत्रों की योजना बनाने के लिए चैटजीपीटी का उपयोग करें!

कक्षाओं में सुरक्षा

हमेशा:

- स्कूल-अनुमोदित उपकरणों का उपयोग करें
- सार्वजनिक AI प्लेटफॉर्म पर व्यक्तिगत डेटा साझा न करें
- धोखा देने के लिए AI का उपयोग न करें — सीखने के लिए इसका उपयोग करें
- संतुलन बनाए रखें: AI एक उपकरण है, शिक्षक का प्रतिस्थापन नहीं

वास्तविक कहानी: आयुषी, कक्षा 11, अहमदाबाद

"मैंने अपनी जीव विज्ञान क्विज़ के लिए प्रश्न लिखने के लिए चैटजीपीटी का उपयोग किया। फिर हमने एक शांत दृश्य क्विज़ डेक बनाने के लिए कैनवा का उपयोग किया। हमारे शिक्षक इतने प्रभावित हुए — अब हम हर हफ्ते इसका उपयोग करते हैं!"

अध्याय सारांश

- एनईपी 2020 कौशल-निर्माण, सीखने और रचनात्मकता के लिए AI का उपयोग करने को प्रोत्साहित करता है।

- AI4Youth, एटीएल लैब्स और इंडियाएआई जैसे कार्यक्रम छात्रों को सशक्त बना रहे हैं।
- AI मूल्यांकन, सीखने और छात्र-नेतृत्व वाले नवाचार में मदद कर रहा है।
- आप स्कूल परियोजनाओं, क्लबों और करियर की तैयारी के लिए AI का उपयोग कर सकते हैं — सुरक्षित और स्मार्ट तरीके से।
- आपकी कक्षा AI सफलता के लिए आपका लॉन्चपैड हो सकती है।

अध्याय 14

अच्छे के लिए टेक

AI का उपयोग करके वास्तविक दुनिया की समस्याओं को हल करने वाले किशोर चेंजमेकर्स

"क्या किशोर AI से दुनिया बदल सकते हैं?"

उत्तर है: हाँ। बिल्कुल। आपको तकनीकी डिग्री की आवश्यकता नहीं है। आपको सिलिकॉन वैली में रहने की आवश्यकता नहीं है। आपको केवल तीन चीजों की आवश्यकता है:

- एक समस्या जिसके बारे में आप परवाह करते हैं
- AI की एक बुनियादी समझ
- किसी के जीवन को बेहतर बनाने की इच्छा यह अध्याय AI का उपयोग करके वास्तविक दुनिया के प्रभाव के लिए किशोर नायकों के बारे में है — जलवायु परिवर्तन से लेकर मानसिक स्वास्थ्य तक — और आप इसे कैसे कर सकते हैं।

“अच्छे के लिए टेक” क्या है?

“अच्छे के लिए टेक” का अर्थ है प्रौद्योगिकी — विशेष रूप से AI — का उपयोग करना:

- केवल पैसा कमाने के लिए नहीं
- केवल कार्यों को स्वचालित करने के लिए नहीं
- बल्कि सामाजिक, पर्यावरणीय और भावनात्मक चुनौतियों को हल करने के लिए यह करुणा-संचालित कोडिंग है। यह मानव-केंद्रित नवाचार है। यदि AI स्मार्ट है, तो आपको इसे कैसे उपयोग करना है इसमें समझदार होना चाहिए।

किशोर चेंजमेकर्स की वास्तविक कहानियां

1. अर्जुन (आयु 17, हैदराबाद)

तेलुगु में COVID-19 वैक्सीन प्रश्नों का उत्तर देने के लिए एक AI चैटबॉट बनाया

उपयोग किया गया: चैटजीपीटी एपीआई + वॉयस असिस्टेंट + गूगल ट्रांसलेट

प्रभाव: अपने क्षेत्र के बुजुर्गों को टीके बुक करने और साइड इफेक्ट्स को समझने में मदद की

2. माया और सिमरन (आयु 16, दिल्ली)

छवि पहचान का उपयोग करके एक प्लास्टिक छँटाई एप बनाया

उपयोग किया गया: टीचेबल मशीन + रिएक्ट एप

प्रभाव: अपने स्कूल कैंटीन में बायोडिग्रेडेबल बनाम प्लास्टिक को छांटने के लिए तैनात किया गया

3. आदित्य (आयु 15, पुणे)

चिंता वाले किशोरों के लिए एक मूड ट्रैकर बॉट बनाया

उपयोग किया गया: गूगल शीट्स + AI प्लगइन + टेलीग्राम बॉट
प्रभाव: 500 से अधिक छात्र मानसिक कल्याण सहायता के लिए इसका उपयोग करते हैं

4. तान्या (आयु 17, जोधपुर)
कक्षा 4 के बच्चों के लिए हिंदी-अंग्रेज़ी पढ़ने वाला सहायक विकसित किया
उपयोग किया गया: व्हिस्पर एपीआई + कैनवा + पीपीटी वॉयस ओवरले
प्रभाव: अपनी माँ के सरकारी स्कूल में पढ़ने की कक्षाओं के लिए उपयोग किया जाता है

AI सामाजिक प्रभाव परियोजनाओं के लिए विचार (जो आप शुरू कर सकते हैं)

क्षेत्र	समस्या	AI परियोजना विचार
पर्यावरण	पार्कों में कचरा	छवि-आधारित अपशिष्ट पहचान ऐप
मानसिक स्वास्थ्य	किशोर अकेला महसूस करते हैं	AI-संचालित जर्नल जो सकारात्मक प्रतिज्ञान देता है
स्वास्थ्य	बुजुर्गों के लिए दवा रिमाइंडर	वॉयस असिस्टेंट सेटअप + AI कैलेंडर
शिक्षा	लड़कियों का स्कूल छोड़ना	व्हाट्सएप चैटबॉट जो छात्रवृत्ति की जानकारी साझा करता है
पहुँच	श्रवण-बाधित छात्र	ऑडियो से उपशीर्षक उत्पन्न करने के लिए AI का उपयोग करें

आपको प्रयोगशाला की आवश्यकता नहीं है। बस एक लैपटॉप, जिज्ञासा और साहस।

अच्छे के लिए आप जिन AI उपकरणों का उपयोग कर सकते हैं

उपकरण	उपयोग	सामाजिक प्रभाव उपयोग का मामला
टीचेबल मशीन (गूगल)	नो-कोड AI मॉडल	प्लास्टिक बनाम कागज कचरा वर्गीकृत करें
चैटजीपीटी	लेखन + प्रश्नोत्तरी	किसी भी भाषा में जागरूकता पोस्टर बनाएं
सूमो / उडियो	संगीत जनरेटर	मानसिक स्वास्थ्य अभियान के जिंगल बनाएं
कैनवा AI	दृश्य उपकरण	फ़्लायर्स, इन्फोग्राफिक्स, इवेंट आमंत्रण डिज़ाइन करें
पिक्टरी / वीड.io	वीडियो AI	ग्रामीण बच्चों के लिए व्याख्यात्मक वीडियो बनाएं
व्हिस्पर एपीआई	भाषण-से-पाठ	स्वास्थ्य जागरूकता वीडियो के लिए उपशीर्षक बनाएं

मिनी चुनौती: "AI से हल करें"

1. एक समस्या चुनें जिसके बारे में आप परवाह करते हैं
2. पूछें: क्या AI इस समस्या को कम करने में मदद कर सकता है?
3. एक विचार का प्रोटोटाइप बनाने के लिए मुफ्त उपकरणों का उपयोग करें
4. इसे दोस्तों, शिक्षकों या स्थानीय एनजीओ के साथ साझा करें
5. प्रतिक्रिया एकत्र करें और सुधार करते रहें

संकेत: विचारों और उपकरणों पर चरण-दर-चरण विचार-मंथन के लिए चैटजीपीटी का उपयोग करें।

भारत में AI युवा आंदोलनों में शामिल हों

AI फॉर यूथ (सीबीएसई x इंटेल)

- राष्ट्रीय स्तर की नवाचार चुनौतियों का हिस्सा बनें
- AI नैतिकता, उपकरणों को सीखें और वास्तविक दुनिया की परियोजनाओं को लागू करें
- पुरस्कार, मान्यता और मेंटरशिप जीतें

यंग टिंकर इनोवेटर्स प्रोग्राम (नीति आयोग)

- समर्थन के साथ अपनी नवाचार प्रोफ़ाइल बनाएं
- AI + रोबोटिक्स + पर्यावरण + सामाजिक परिवर्तन

संयुक्त राष्ट्र एसडीजी + AI क्लब

- अपनी AI परियोजना को सतत विकास लक्ष्यों के साथ संरेखित करें जैसे:
- गुणवत्तापूर्ण शिक्षा (लक्ष्य 4)
- जलवायु कार्रवाई (लक्ष्य 13)
- लैंगिक समानता (लक्ष्य 5)

नैतिकता: अच्छे के लिए टेक = टेक के साथ अच्छा

अच्छे के लिए टेक की आवश्यकता है:

- केवल तकनीकी कौशल नहीं — बल्कि नैतिक ज्ञान
- "क्या मुझे करना चाहिए?" पूछना, सिर्फ "क्या मैं कर सकता हूं?" नहीं

उदाहरण के लिए:

- बिना सहमति के लोगों को ट्रैक न करें
- ऐसी किसी चीज़ को स्वचालित न करें जो आजीविका को नुकसान पहुंचाए

• हमेशा पूर्वाग्रह के लिए परीक्षण करें, गोपनीयता का सम्मान करें, और समावेशी रहें AI का शोषण के लिए नहीं, बल्कि सहानुभूति के लिए एक शक्ति के रूप में उपयोग करें।

आइए चिंतन करें

• आपके आसपास ऐसी कौन सी एक समस्या है जो आपको वास्तव में परेशान करती है?
• क्या AI उस समस्या को कम करने या हल करने में मदद कर सकता है?
• अपने विचार को साकार करने के लिए आप किसके साथ साझेदारी कर सकते हैं? आपको जीनियस होने की आवश्यकता नहीं है। आपको गहराई से परवाह करने और स्मार्ट तरीके से कार्य करने की आवश्यकता है।

स्कूल गतिविधि विचार: "मानवता के लिए हैक – 1-दिवसीय AI-ए-थॉन"

समय: 5–6 घंटे
टीम: 3–4 छात्र
लक्ष्य: AI का उपयोग करके स्कूल/समुदाय की समस्या का समाधान करें
उपकरण: कैनवा AI, चैटजीपीटी, टीचेबल मशीन, सूमो
पुरस्कार: प्रमाण पत्र + सुबह की सभा में प्रदर्शन!

वास्तविक कहानी: कबीर और टीम, आयु 16, रांची

कबीर और उसके दोस्तों ने एक चैटबॉट बनाया जिसने किसानों को स्थानीय बोलियों में मौसम के पूर्वानुमान को समझने में मदद की। उन्होंने अपने

स्कूल के आईटी शिक्षक के साथ साझेदारी की और इसे एक स्थानीय मेले में साझा किया। "हमने AI का उपयोग किया — लेकिन वास्तविक कौशल टीम वर्क और सहानुभूति था," कबीर ने कहा।

अध्याय सारांश

- अच्छे के लिए टेक = वास्तविक समस्याओं को हल करने के लिए AI का उपयोग करना।
- कई भारतीय किशोर पहले से ही AI से बदलाव कर रहे हैं।
- आप मूड ट्रैकर, छँटाई ऐप, ऑडियो गाइड और बॉट बना सकते हैं।
- मुफ्त उपकरण पर्याप्त हैं — छोटे से शुरू करें, प्रतिक्रिया के साथ बढ़ें।
- अपनी परियोजनाओं को स्कूल, समुदाय और एसडीजी के साथ संरेखित करें।

अध्याय 15

आपका भविष्य

आने वाली दुनिया में करियर, जीवन कौशल और AI

"जब आप बड़े होंगे तो क्या बनेंगे – AI युग में?"
डॉक्टर? इंजीनियर? कलाकार? डेटा साइंटिस्ट? क्या होगा अगर आपकी भविष्य की नौकरी अभी मौजूद ही न हो? AI इतनी तेज़ी से विकसित हो रहा है कि भविष्य सिर्फ नौकरी चुनने के बारे में नहीं है। यह एक स्मार्ट, तकनीक-संचालित दुनिया में सीखने, अनुकूलन करने और बनाने का तरीका सीखने के बारे में है। यह अध्याय आपकी समझ के लिए एक मार्गदर्शक है:

- AI किन नौकरियों को प्रभावित करेगा
- AI कौन से करियर बनाएगा
- thriving के लिए आपको किन जीवन कौशलों की आवश्यकता है
- और अभी कैसे तैयारी करें

AI नौकरियां नहीं ले रहा है। यह नौकरियों को बदल रहा है।

AI सभी नौकरियां "चुराएगा" नहीं — लेकिन यह करेगा:

- दोहराव वाले कार्यों को स्वचालित करें
- निर्णय लेने में सहायता करें
- हर क्षेत्र में हमारे काम करने के तरीके को बदलें

भविष्य को मानव + AI सहयोग की आवश्यकता है।

सोचें: मानव: सहानुभूति, रचनात्मकता, निर्णय
AI: गति, पैटर्न पहचान, दोहराव एक साथ = अलौकिक प्रदर्शन

AI जिन नौकरियों को बदल रहा है

क्षेत्र	**पारंपरिक भूमिका**	**AI-बढ़ी हुई भूमिका**
चिकित्सा	रेडियोलॉजिस्ट	AI-सहायता प्राप्त निदान विशेषज्ञ
पत्रकारिता	रिपोर्टर	AI + डेटा कहानी कहने वाला संपादक
शिक्षा	शिक्षक	तकनीक-एकीकृत सीखने का मार्गदर्शक
कानून	पैरालीगल	AI दस्तावेज़ विश्लेषक
कृषि	किसान	स्मार्ट फार्मिंग विश्लेषक
खुदरा	कैशियर	डिजिटल बिक्री सलाहकार
ग्राहक सेवा	कॉल प्रतिनिधि	चैटबॉट + मानव हाइब्रिड भूमिका

यहां तक कि कलाकार, संगीतकार और फैशन डिज़ाइनर भी अब AI का उपयोग कर रहे हैं!

उभरते करियर जिन्हें आप एक्सप्लोर कर सकते हैं

करियर पथ	इसमें क्या शामिल है
AI प्रॉम्प्ट इंजीनियर	AI टूल के लिए रचनात्मक, प्रभावी प्रॉम्प्ट लिखना
डेटा विश्लेषक	AI सहायता के साथ डेटा में पैटर्न का अध्ययन करना
AI एथिक्स ऑफिसर	यह सुनिश्चित करना कि तकनीक निष्पक्ष, सुरक्षित और समावेशी है
डिजिटल उत्पाद डिजाइनर	AI द्वारा संचालित ऐप बनाना
AI ट्रेनर	AI मॉडल को बेहतर ढंग से सोचना सिखाना
वॉयस ऐप डेवलपर	एलेक्सा/गूगल असिस्टेंट कौशल बनाना
वर्चुअल वर्ल्ड बिल्डर	AI टूल के साथ मेटावर्स स्पेस डिजाइन करना

आप इन सभी को अभी मुफ्त संसाधनों के साथ सीखना शुरू कर सकते हैं!

आज सीखने के लिए भविष्य-तैयार जीवन कौशल

भले ही आप तकनीकी नौकरी नहीं चाहते हों, फिर भी आपको इन 5 सुपर कौशलों की आवश्यकता होगी:

1. समस्या समाधान – तार्किक रूप से सोचें। समस्याओं को चरणों में तोड़ें।
प्रयास करें: चैटजीपीटी, पहेली खेल, परियोजना-आधारित सीखने के साथ वास्तविक समस्याओं को हल करना।

2. डिजिटल साक्षरता – समझें कि एप, AI और डेटा कैसे काम करते हैं।
प्रयास करें: साप्ताहिक रूप से विभिन्न AI टूल (डिजाइन, ऑडियो, प्लानर)

का उपयोग करें।

3. संचार – स्पष्ट रूप से बोलें, लिखें और प्रस्तुत करें (AI की मदद से भी!)।
प्रयास करें: टोन और स्पष्टता में सुधार के लिए ग्रामरली, कैनवा AI, चैटजीपीटी का उपयोग करें।

4. नैतिक सोच – पूछें: क्या यह निष्पक्ष है? क्या यह पक्षपाती है? क्या यह सुरक्षित है?
प्रयास करें: दोस्तों के साथ AI समाचार पर चर्चा करें या स्कूल AI क्लबों में शामिल हों।

5. अनुकूलनशीलता और जिज्ञासा – भविष्य तेज़ी से बदलता है। कुछ भी सीखने के लिए तैयार रहें।
प्रयास करें: हर महीने सीखने के लिए एक नया उपकरण चुनें।

भविष्य के कौशल सीखने के लिए पाठ्यक्रम और प्लेटफॉर्म

प्लेटफॉर्म	**फोकस**	**किशोर-अनुकूल विकल्प**
सीबीएसई AI पाठ्यक्रम	AI मूल बातें	कक्षा 9-12 मॉड्यूल
AI4Youth (इंटेल इंडिया)	हाथों पर AI परियोजनाएं	छात्रों के लिए मुफ्त टूलकिट
हार्वर्ड CS50x AI	AI कोडिंग का परिचय	उन्नत शिक्षार्थियों के लिए
Code.org AI लैब	शुरुआती AI खेल	13+ आयु वर्ग

खान अकादमी	कंप्यूटर विज्ञान	किशोर-संरेखित स्पष्टीकरण
स्किलअप (सिंपलीलर्न)	डेटा/AI मूल बातें	करियर स्टार्टर कार्यक्रम

बोनस: कहानी कहने + कैनवा + चैटजीपीटी सीखें = परम भविष्य कॉम्बो!

AI + आप = अद्वितीय करियर मिश्रण

आप AI को अपने जुनून के साथ मिला सकते हैं। यहाँ तरीका बताया गया है:

आपकी रुचि	AI-संवर्धित करियर
ड्राइंग	AI अवधारणा कलाकार (मिडजर्नी, DALL•E)
संगीत	AI संगीतकार (सूमो, उडियो)
शिक्षण	एडटेक सामग्री निर्माता (चैटजीपीटी + कैनवा)
मनोविज्ञान	AI मानसिक स्वास्थ्य उपकरण डेवलपर
व्यवसाय	डिजिटल स्टार्टअप संस्थापक (AI-संचालित विचार)
भाषाएँ	AI अनुवाद ऐप परीक्षक, एनएलपी संपादक
इतिहास	इंटरैक्टिव वर्चुअल संग्रहालय डिजाइनर

आपकी रचनात्मकता वह गुप्त घटक है जिसे AI कभी प्रतिस्थापित नहीं करेगा।

स्कूल में तैयारी कैसे करें

- अपने स्कूल के AI या कोडिंग क्लब में शामिल हों
- गुड फेयर के लिए एक टेक का आयोजन करें
- AI-आधारित स्कूल परियोजनाओं का एक पोर्टफोलियो बनाएं

• छुट्टियों के दौरान मुफ़्त पाठ्यक्रम लें।
• करियर में AI का उपयोग करने वाले सलाहकारों या सीनियर्स से बात करें ।
अपनी परियोजनाओं, प्रॉम्प्ट और सीखों को सहेजें — वे आपका भविष्य का रिज़्यूमे होंगी।

आइए चिंतन करें

• आपका सपनों का करियर क्या है? क्या AI आपको इसे तेज़ी से प्राप्त करने में मदद कर सकता है?
• क्या आप ऐसे जीवन कौशल सीख रहे हैं जिन्हें स्वचालित नहीं किया जा सकता है?
• कल की तैयारी के लिए आप आज कौन सा छोटा कदम उठा सकते हैं?केवल भविष्य की तैयारी न करें — इसे बनाने में भाग लें।

वास्तविक कहानी:
ज़ोया, कक्षा 12, लखनऊ

ज़ोया फैशन डिज़ाइनर बनना चाहती थी। उसने डिज़ाइन विचार उत्पन्न करने के लिए मिडजर्नी और क्लाइंट पोर्टफोलियो बनाने के लिए कैनवा AI का उपयोग करना शुरू कर दिया। अब, वह कॉलेज में प्रवेश करने से पहले ही एक व्यक्तिगत ब्रांड पर काम कर रही है। "AI ने मुझे एक अच्छी शुरुआत दी। मैं अभी भी स्केचिंग करती हूं — लेकिन स्मार्ट तरीके से, तेज़ी से, और आत्मविश्वास के साथ।

अध्याय सारांश

• AI हर नौकरी को बदल देगा — लेकिन मानव रचनात्मकता, सहानुभूति और जिज्ञासा को प्रतिस्थापित नहीं करेगा।

- भविष्य के करियर को तकनीक + मानव कौशल के मिश्रण की आवश्यकता है।
- समस्या समाधान, संचार, अनुकूलनशीलता और नैतिक तकनीक के उपयोग को सीखें।
- अपनी शक्तियों को बढ़ाने और अपने अद्वितीय भविष्य के मार्ग का निर्माण करने के लिए AI टूल का उपयोग करें।
- अभी शुरू करें: अन्वेषण करें, प्रयोग करें और विकसित हों।

शब्दावली

पुस्तक में पेश किए गए प्रमुख AI शब्दों को समझने के लिए एक त्वरित संदर्भ — विशेष रूप से रिवीज़न और आत्मविश्वास निर्माण के लिए उपयोगी।

शब्दावली – एक प्रो की तरह AI बोलें

शब्द	**परिभाषा (किशोर-अनुकूल)**
AI (आर्टिफिशियल इंटेलिजेंस)	स्मार्ट कंप्यूटर प्रोग्राम जो मनुष्यों की तरह सोच सकते हैं, सीख सकते हैं और समस्याओं को हल कर सकते हैं।
मशीन लर्निंग	AI के लिए डेटा से सीखने और समय के साथ सुधार करने का एक तरीका बिना बताए कि वास्तव में क्या करना है।
चैटबॉट	एक AI टूल जो टेक्स्ट या आवाज का उपयोग करके आपसे बात करता है — जैसे ChatGPT, सिरी, या एलेक्सा।
वर्चुअल असिस्टेंट	एक डिजिटल सहायक जो शेड्यूलिंग, खोज या लेखन जैसे कार्य करता है — जैसे गूगल जेमिनी, कोपायलट।
प्रॉम्प्ट	वह प्रश्न या निर्देश जो आप एक AI टूल को एक उपयोगी प्रतिक्रिया प्राप्त करने के लिए देते हैं।

एल्गोरिदम	निर्देशों का एक सेट जिसका AI निर्णय लेने के लिए पालन करता है। कंप्यूटर के लिए एक रेसिपी की तरह!
पूर्वाग्रह (AI में)	जब AI प्रशिक्षित किए गए डेटा में पैटर्न के कारण अनुचित परिणाम देता है — जैसे खोज परिणामों में केवल एक प्रकार के व्यक्ति को दिखाना।
डीपफेक	AI द्वारा बनाई गई नकली छवियां, ऑडियो या वीडियो जो वास्तविक दिखते और लगते हैं, लेकिन वे नहीं हैं!
व्यक्तिगतकरण	जब AI आपके व्यवहार के आधार पर आपको क्या दिखाता है उसे बदलता है, जैसे नेटफ्लिक्स सुझाव।
डिजिटल साक्षरता	प्रौद्योगिकी (जैसे AI) का सुरक्षित, स्मार्ट और जिम्मेदारी से उपयोग करना जानना।
टेक्स्ट-टू-इमेज AI	एक उपकरण जो लिखित विवरणों को चित्रों में बदलता है। उदाहरण: DALL•E, मिडजर्नी।
टेक्स्ट-टू-स्पीच AI	AI जो मानव जैसी आवाज में टेक्स्ट पढ़ता है — भाषा उपकरण और ऑडियोबुक में उपयोग किया जाता है।
उत्पादकता ऐप	मोशन या रिक्लेम जैसे उपकरण जो AI का उपयोग करके आपको काम की योजना बनाने, व्यवस्थित करने और ट्रैक करने में मदद करते हैं।
क्रिएटिव AI	लेखन, कला, संगीत और वीडियो निर्माण के लिए उपयोग किया जाने वाला AI।

नैतिक AI उपयोग	AI का इस तरह से उपयोग करना जो ईमानदार, दयालु और दूसरों के प्रति निष्पक्ष हो — और नुकसान न पहुंचाए।
साहित्यिक चोरी	किसी और के काम की नकल करना — जिसमें AI का भी शामिल है — बिना श्रेय दिए।
डिजिटल फ़ुटप्रिंट	ऐप, वेबसाइट और ऑनलाइन टूल का उपयोग करते समय आपके द्वारा छोड़े गए डेटा का निशान।
कोडिंग / प्रोग्रामिंग	निर्देश लिखना जिनका कंप्यूटर पालन करता है — AI का उपयोग करने के लिए उपयोगी लेकिन आवश्यक नहीं।
स्मार्ट शेड्यूलिंग	AI जो आपके समय के आधार पर स्वचालित रूप से कार्यों को जोड़कर आपके दिन की योजना बनाने में मदद करता है।
AI एजेंट	एक छोटा AI सिस्टम जो स्वतंत्र रूप से काम करता है — जैसे आपकी स्मार्टवॉच जो आपको पानी पीने की याद दिलाती है।

बोनस अनुभाग: किशोरों के लिए AI टूल डायरेक्टरी

अध्ययन, निर्माण, कल्याण और बहुत कुछ के लिए स्मार्ट टूल
नीचे प्रत्येक उपकरण ग्रेड 9-12 के किशोरों के लिए उत्पादकता, रचनात्मकता और कल्याण का समर्थन करने के लिए चुना गया है। (अधिकांश मुफ़्त या फ्रीमियम हैं!)

उत्पादकता और समय प्रबंधन

उपकरण	उद्देश्य	उपयोग का मामला	लिंक
Reclaim.ai	स्मार्ट कैलेंडर प्लानर	कार्यों और बैठकों को स्वतः-शेड्यूल करता है	reclaim.ai
Motion	कैलेंडर + टास्क मैनेजर	समय-सीमा के आधार पर आपके सप्ताह की योजना बनाता है	usemotion.com
SkedPal	अनुकूली शेड्यूलिंग	आदतों और वरीयताओं के आधार पर योजनाएं करता है	skedpal.com
Clockify / Pomofocus	समय ट्रैकिंग	फोकस सत्र, ब्रेक, अध्ययन टाइमर	pomofocus.io
Notion AI	ऑल-इन-वन डैशबोर्ड	अध्ययन की योजना बनाएं, लक्ष्यों को ट्रैक करें, नोट्स लिखें	notion.so/ai

अध्ययन और लेखन सहायक

उपकरण	उद्देश्य	उपयोग का मामला	लिंक
ChatGPT	प्रश्नोत्तरी, सामग्री सहायता	निबंध, सारांश, अवधारणा स्पष्टीकरण	chat.openai.com
Claude AI	लंबी दस्तावेज़ समझ	पीडीएफ पढ़ें/ व्याख्या करें और स्मार्ट सामग्री लिखें	claude.ai
Grammarly	लेखन प्रतिक्रिया	व्याकरण, टोन और स्पष्टता को सही करें	grammarly.com
Quillbot	पुनर्लेखन	वाक्यों को फिर से लिखना और सुधारना	quillbot.com
PDFgear	AI के साथ पीडीएफ रीडर	पाठ्यपुस्तकों और नोट्स का सारांश करें	pdfgear.com
Perplexity AI	स्मार्ट खोज	उद्धरणों के साथ अनुसंधान	perplexity.ai
Google Gemini	खोज + नियोजन एजेंट	सारांश, तथ्य, उत्तर प्राप्त करें	gemini.google.com

कला, डिजाइन और पोस्टर

उपकरण	उद्देश्य	उपयोग का मामला	लिंक
Canva Magic Design	पोस्टर, सामाजिक ग्राफिक्स	स्कूल परियोजनाएं, इंस्टा सामग्री	canva.com
Midjourney	AI-जनित कला	अमूर्त, भविष्यवादी, फंतासी छवियां	midjour-ney.com
DALL•E 3	टेक्स्ट-टू-इमेज AI	प्रॉम्प्ट को यथार्थवादी छवियों में बदलें	openai. com/dall-e
Adobe Firefly	प्रो-लेवल AI कला	ब्रांडिंग, सामग्री निर्माण	firefly. adobe.com

वीडियो और कहानी कहने वाले उपकरण

उपकरण	उद्देश्य	उपयोग का मामला	लिंक
OpusClip	वीडियो क्लिपिंग	लंबे वीडियो को शॉर्ट्स में बदलें	opus.pro
Pictory	टेक्स्ट-टू-वीडियो	ब्लॉग/स्क्रिप्ट को वीडियो में बदलें	pictory.ai
Synthesia	बोलने वाले अवतार	स्कूल के व्याख्यात्मक वीडियो के लिए AI प्रस्तुतकर्ता	synthesia.io

Descript	प्रतिलेख वीडियो संपादन	टेक्स्ट को संपादित करके वीडियो संपादित करें	descript.com
Runway AI	वीडियोएन्हांसमेंट	AI-संचालित संपादन उपकरण	runwayml.com

ऑडियो, संगीत और पॉडकास्ट उपकरण

उपकरण	उद्देश्य	उपयोग का मामला	लिंक
Suno AI	संगीत निर्माण	लो-फाई बीट्स, गाने बनाएं	suno.ai
Boomy	तत्काल संगीत निर्माण	बिना वाद्य यंत्रों के ट्रैक बनाएं	boomy.com
Murf / ElevenLabs	वॉयस-ओवर AI	परियोजनाओं/ वीडियो के लिए कथा	elevenlabs.io
Beatleap	वीडियो के लिए संगीत	बीट-आधारित रीलों और कहानियों को संपादित करें	beatleap.app

कल्याण और मानसिक स्वास्थ्य

उपकरण	उद्देश्य	उपयोग का मामला	लिंक
Wysa AI	भावनात्मक समर्थन चैटबॉट	जर्नलिंग, चिंता वार्तालाप	wysa.io

Reflectly	मूड ट्रैकर जर्नल	दैनिक प्रतिबिंब और आदत ट्रैकिंग	reflectly.app
Headspace / Calm	ध्यान, नींद सहायता	फोकस, श्वास, सोने के समय की कहानियां	headspace.com
Focus Bear / OneSec	व्याकुलता नियंत्रण	ऐप खोलने में देरी करें, आदतें बनाएं	focusbear.io
Sleep Cycle	स्लीप ट्रैकर + स्मार्ट अलार्म	नींद में सुधार करें, ऊर्जा को ट्रैक करें	sleepcycle.com

स्मार्ट असिस्टेंट और चैटबॉट

उपकरण	**उद्देश्य**	**उपयोग का मामला**	**लिंक**
Google Gemini	जानकारी + प्लानर	प्रश्न पूछें, कार्यों को शेड्यूल करें	gemini.goo-gle.com
ChatGPT	सामान्य सहायक	लिखें, योजना बनाएं, समझाएं	chat.openai.com
Claude AI	लंबी इनपुट विशेषज्ञ	पीडीएफ, गहरी प्रश्नोत्तरी, रिपोर्टें	claude.ai
Siri / Alexa / Google Assistant	वॉयस सहायता	स्मार्ट कमांड, रिमाइंडर	डिवाइस-आधारित
Microsoft Copilot	ऑफिस ऐप्स में	लेखन, स्वरूपण, स्लाइड	microsoft.com

डिजिटल सुरक्षा और डिटॉक्स उपकरण

उपकरण	उद्देश्य	उपयोग का मामला	लिंक
Google Family Link	स्क्रीन टाइम और सुरक्षा	माता-पिता का नियंत्रण और ऐप समय सीमा	families.google.com
Digital Wellbeing (Android)	उपयोग डैशबोर्ड	स्क्रीन टाइम ट्रैक करें, ऐप सीमाएं	एंड्रॉइड डिवाइस पर
StayFree	व्याकुलता ट्रैकिंग	देखें कि समय कैसे व्यतीत होता है	stayfree.me
OneSec App	सामाजिक ऐप्स खोलने में देरी	रोकें → चिंतन करें → दर्ज करें	onesec.app

किशोरों के लिए टिप: इस डायरेक्टरी को बुकमार्क करें। इस महीने आज़माने के लिए प्रत्येक श्रेणी से 1-2 उपकरण चुनें। जल्द ही, आप अपना व्यक्तिगत "AI स्टैक" खोज लेंगे जो आपके जीवन में सीखने और विकास का समर्थन करता है।

सारांश: आपने क्या सीखा (और यह क्यों मायने रखता है)

आर्टिफिशियल इंटेलिजेंस सिर्फ एक भविष्य का विचार नहीं है — यह अभी आपके जीवन का हिस्सा है। आपको जगाने वाले अलार्म से लेकर एक चैटबॉट तक जो आपको परीक्षा के लिए रिवीज़न करने में मदद करता है, AI आपके दिन को स्मार्टर, आसान और अधिक मज़ेदार बनाने के लिए चुपचाप पर्दे के पीछे काम कर रहा है। इस पुस्तक ने आपको यह जानने में मदद की कि कैसे:

- AI को सरल शब्दों में समझें
- अपने घर, फोन और स्कूल में AI को पहचानें
- बेहतर अध्ययन करने और अपने समय को व्यवस्थित करने के लिए AI टूल का उपयोग करें
- AI के साथ संगीत, कला, वीडियो और कहानियां बनाएं
- AI की मदद से अधिक स्पष्ट रूप से बात करें और संवाद करें
- स्मार्ट तकनीक का उपयोग करते हुए सुरक्षित, दयालु और ज़िम्मेदार रहें
- AI-संचालित दुनिया में भविष्य-तैयार करियर और कौशल का अन्वेषण करें

अध्याय त्वरित पुनर्कथन:

अध्याय	मुख्य सीख
1. AI क्या है, वास्तव में?	AI स्मार्ट सॉफ्टवेयर है जो डेटा से सीखता है और रोजमर्रा के कार्यों में आपकी मदद करता है।
2. आपके चारों ओर AI एजेंट	आपका फ्रिज, फोन और ऐप चुपचाप आपकी मदद करने वाले AI एजेंटों से भरे हुए हैं।
3. स्मार्टर अध्ययन के लिए AI का उपयोग करना	सीखने को आसान बनाने के लिए नोशन, चैटजीपीटी और क्विज़लेट जैसे उपकरणों का उपयोग करें।
4. संचार और सामाजिक जीवन के लिए AI	AI ईमेल, कैप्शन लिखने और यहां तक कि खुद को व्यक्त करने के तरीके में सुधार करने में मदद कर सकता है।
5. फिटनेस, भोजन और मनोरंजन – AI तरीका	स्मार्ट ऐप आपके कल्याण, कसरत, पोषण और मानसिक स्वास्थ्य का मार्गदर्शन कर सकते हैं।
6. समय प्रबंधन और उत्पादकता के लिए AI	रिक्लेम और मोशन जैसे AI सहायकों के साथ बेहतर योजना बनाएं, शेड्यूल करें और ध्यान केंद्रित करें।
7. रचनात्मकता के लिए AI – कला, संगीत, लेखन और वीडियो	मिडजर्नी, कैनवा, सूमो और बहुत कुछ जैसे उपकरणों का उपयोग करके एक प्रो की तरह बनाएं।
8. वर्चुअल असिस्टेंट जिन्हें आपको जानना चाहिए	चैटजीपीटी, जेमिनी, सिरी और कोपायलट जैसे डिजिटल सहायकों से मिलें जो आपके दिन का मार्गदर्शन करते हैं।

9. जिम्मेदार AI – सुरक्षित, निजी और स्मार्ट रहना	AI का समझदारी से उपयोग करें — अपने डेटा को सुरक्षित रखें, गंभीर रूप से सोचें और नैतिक बनें।
10. आपका AI-संचालित भविष्य	भविष्य-तैयार कौशल बनाएं। AI को एक उपकरण के रूप में उपयोग करना सीखें — धमकी के रूप में नहीं — अपना रास्ता बनाने के लिए।

संदेश आपके लिए

प्रिय पाठक,

यह पुस्तक आपको AI का सिर्फ उपयोग करने में नहीं, बल्कि समझदारी से उपयोग करने में मदद करने के लिए बनाई गई थी — बढ़ने के लिए, बनाने के लिए, व्यवस्थित करने के लिए, और अपने भविष्य की कल्पना करने के लिए। आपको AI दुनिया में सफल होने के लिए कंप्यूटर जीनियस बनने की आवश्यकता नहीं है। आपको बस बने रहना है:

- जिज्ञासु
- नैतिक
- आत्मविश्वासी
- रचनात्मक

हमेशा पूछें: "यह उपकरण मुझे बेहतर बनने में कैसे मदद कर सकता है — न केवल तेज़?" और याद रखें: सबसे स्मार्ट तकनीक अभी भी आप हैं। AI सहायता के लिए यहां है — लेकिन आप ही हैं जो तय करते हैं कि किस तरह की दुनिया बनानी है। तो आगे बढ़ो।
स्मार्ट जियो। दयालु बनो। साहस से रचना करो। AI का उपयोग करके ख़ुद को सबसे अच्छा संस्करण बनाएं।